Hans-Georg Willmann

30 Minuten

Willenskraft

Bibliografische Information der Deutschen Bibliothek

Die Deutsche Bibliothek verzeichnet diese Publikation in der Deutschen Nationalbibliografie; detaillierte bibliografische Daten sind im Internet über http://dnb.d-nb.de abrufbar.

Umschlaggestaltung: die imprimatur, Hainburg
Umschlagkonzept: Martin Zech Design, Bremen
Lektorat: Dr. Sandra Krebs, GABAL Verlag GmbH
Satz: Zerosoft, Timisoara (Rumänien)
Druck und Verarbeitung: Salzland Druck, Staßfurt

2. Auflage 2012

Hinweis:
Das Buch ist sorgfältig erarbeitet worden. Dennoch erfolgen alle Angaben ohne Gewähr. Weder Autor noch Verlag können für eventuelle Nachteile oder Schäden, die aus den im Buch gemachten Hinweisen resultieren, eine Haftung übernehmen.

Printed in Germany

978-3-86936-355-4

In 30 Minuten wissen Sie mehr!

Dieses Buch ist so konzipiert, dass Sie in kurzer Zeit prägnante und fundierte Informationen aufnehmen können. Mithilfe eines Leitsystems werden Sie durch das Buch geführt. Es erlaubt Ihnen, innerhalb Ihres persönlichen Zeitkontingents (von 10 bis 30 Minuten) das Wesentliche zu erfassen.

Kurze Lesezeit
In 30 Minuten können Sie das ganze Buch lesen. Wenn Sie weniger Zeit haben, lesen Sie gezielt nur die Stellen, die für Sie wichtige Informationen beinhalten.

- *Alle wichtigen Informationen sind blau gedruckt.*

- Schlüsselfragen mit Seitenverweisen zu Beginn eines jeden Kapitels erlauben eine schnelle Orientierung: Sie blättern direkt auf die Seite, die Ihre Wissenslücke schließt.

- *Zahlreiche Zusammenfassungen innerhalb der Kapitel erlauben das schnelle Querlesen.*

- Ein Fast Reader am Ende des Buches fasst alle wichtigen Aspekte zusammen.

- Ein Register erleichtert das Nachschlagen.

Inhalt

Vorwort

Die gute Nachricht zuerst: Ein starker Wille ist lernbar. Und ein starker Wille ist wichtig, um die vielen Dinge, die wir wollen, auch umzusetzen.

Wir wollen zum Beispiel abnehmen und deshalb weniger Schokolade essen, gesünder leben und dafür mehr Sport treiben, Zeit für die Familie haben und deshalb weniger fernsehen oder eine Prüfung bestehen und dafür mehr lernen.

Wir sind oft hoch motiviert, etwas an unserem Verhalten zu ändern, und bilden gute Vorsätze wie „Morgen fange ich an zu lernen oder zu joggen" oder „Ab morgen schaue ich weniger fern oder esse weniger Schokolade". Es gelingt uns aber selten, all das, wozu wir motiviert sind, auch in die Tat umzusetzen. Warum schaffen wir das nicht? Der Grund dafür ist nicht etwa die fehlende Motivation, sondern die fehlende Willenskraft.

Auf der Couch liegen, nachdenken und etwas wollen, das ist Motivation. Von der Couch aufzustehen und es zu tun, ist Willenskraft. Und hier liegt der Hase im Pfeffer: Motiviert sein strengt nicht an, Willenskraft einsetzen schon.

Motivation ist die Frage nach dem Ziel, nach dem *Was-will-ich-erreichen*. Um überhaupt etwas zu wollen, müssen wir motiviert sein. Das scheint für viele Menschen nicht das Problem zu sein. Wir haben genug, wahrscheinlich sogar zu viel Motivation für zu viele Ziele. Wille ist die Frage nach dem *Wie-erreiche-ich-das-was-*

ich-will. Um Ziele zu erreichen, müssen wir unsere Absichten in die Tat umsetzen. Uns jetzt überwinden und so lange dranbleiben, bis wir ein Ziel erreicht haben. Und das kostet Energie.

Wie funktioniert das mit der Willenskraft und wie können wir mehr aus unserer Willenskraft machen? Dieses Buch bringt auf den Punkt,

- weshalb es gut ist, sich nicht anzustrengen,
- wie Sie es trotzdem schaffen, Ihre Ziele zu erreichen,
- warum unser Wille verführbar ist,
- wie Sie sich leichter selbst überwinden können und
- wie Sie es schaffen, länger durchzuhalten.

Das Buch ist an alle adressiert, die das, was sie sich vornehmen, auch umsetzen wollen.

Viel Willenskraft wünscht Ihnen

Dipl.-Psych. Hans-Georg Willmann
www.hans-georg-willmann.de

TEST: Willenskraft fühlen

Jeder kennt das Gefühl, sich überwinden zu müssen, um etwas zu tun oder etwas zu lassen. Wir brauchen Willenskraft, um unsere Absichten auch in die Tat umzusetzen. Was in Ihrem Gehirn passiert, wenn Sie Ihren Willen bewusst einsetzen, um sich zu überwinden, können Sie sogar fühlen. Testen Sie sich selbst.

Übung:
Hier sehen Sie Wörter, die in unterschiedlichen Farben geschrieben sind. Bitte lesen Sie sie nicht vor, sondern nennen Sie laut die Farbe, in der die Wörter geschrieben sind.

Blau	Schwarz	Blau	Blau	Schwarz
Schwarz	Blau	Schwarz	Blau	Blau
Blau	Blau	Schwarz	Schwarz	Blau
Schwarz	Schwarz	Blau	Blau	Schwarz
Blau	Schwarz	Blau	Schwarz	Blau

Konnten Sie die Farben stotterfrei und zügig benennen? Bei dieser Übung, die an einen Test des Psychologen J. Ridley Stroop angelehnt ist, wird ein wichtiger Zusammenhang deutlich: Das Lesen einfacher Wörter ist eine automatisierte Handlung, die Sie kaum unterdrücken können. Das Erkennen und Benennen von Farbe ist weniger automatisiert und deshalb brauchen Sie dafür mehr willentliche Aufmerksamkeit und Konzentration. Die meisten Menschen stocken und zögern, wenn sie diesen Test durchführen. Denn um die Farbe zu benennen und nicht das Wort zu lesen, muss dauerhaft die Absicht *Farbe benennen* im Absichtsgedächtnis wachgehalten werden. Es muss also das schwierige, aber beabsichtigte Verhalten *Farbe benennen* aktiviert und der automatisierte Handlungsimpuls *Wort lesen* unterbunden werden.

Beide Aktivitäten gleichzeitig – *Wort lesen unterbinden und Farbe benennen aktivieren* – arbeiten jedoch gegeneinander, überreizen unsere Sinne und rufen einen Widerspruch in unserem Gehirn hervor. Das kann unsere Willenskraft überfordern.

Unser Absichtsgedächtnis ist der Aufenthaltsort, an dem der bewusste Wille gespeichert ist. Sobald Sie sich etwas vornehmen, was einer spontanen und damit automatischen Reaktion widerspricht, müssen Sie das sehr bewusst, das heißt absichtlich tun. Nur was im Fokus Ihrer Aufmerksamkeit liegt und damit im Absichtsgedächtnis ankommt und wachgehalten wird, hat eine Chance, auch umgesetzt zu werden. Ansonsten fallen Sie schnell in Ihre gewohnten Verhaltensmuster zurück oder *vergessen* einfach, das Gewollte auch tatsächlich zu tun. Und sobald Sie sich wieder daran erinnern, ist es schon zu spät.

Dieses Phänomen kennt jeder, der seine alltägliche Routine auf dem Weg zur Arbeit absichtlich unterbrechen will, um beispielsweise noch vor Arbeitsbeginn einkaufen zu gehen. Sie bilden die Absicht *einkaufen* und nehmen sich vor: „Heute an der Kreuzung rechts zum Supermarkt statt links zum Büro abbiegen." Häufig genug gelingt es nicht, sich auf das *Rechtsabbiegen* zu konzentrieren und die Aufmerksamkeit darauf zu fokussieren. Und kurz vor dem Büro *erinnern* wir uns dann wieder daran. Wir sind automatisch den Weg gefahren, den wir immer fahren: ins Büro. Die Gewohnheit hat gewonnen.

Aufmerksamkeit und Konzentration

Dieser Zusammenhang lässt sich immer dann beobachten, wenn eine automatisierte Handlung bewusst und damit willentlich unterdrückt werden soll und stattdessen eine Handlung durchgeführt werden soll, die weniger automatisiert ist und deshalb mehr Aufmerksamkeit und Konzentration erfordert.

Das können Sie in vielen alltäglichen Situationen bei sich selbst beobachten. Beispielsweise wenn Sie absichtlich nicht den Fernseher einschalten, sondern stattdessen zum Englischbuch greifen wollen, wenn Sie bewusst nicht den Aufzug, sondern die Treppen benutzen wollen oder wenn Sie sich vornehmen, nicht das Bier, sondern stattdessen die danebenstehende Wasserflasche zu nehmen. In diesen und vergleichbaren Situationen müssen Sie sich erfahrungsgemäß konzentrieren, Ihre Aufmerksamkeit auf die gewollte Absicht richten und sich selbst überwinden. Das kostet Willenskraft.

Wenn es darum geht, eingeschliffene, automatisierte Verhaltensweisen zu ändern, stoßen viele Menschen an ihre Grenzen. Obwohl sie hoch motiviert sind und wirklich, wirklich, wirklich mit dem Rauchen aufhören wollen, mehr Sport treiben oder weniger Zeit mit Fernsehen verschwenden wollen. Wenn altes, gewohntes Verhalten gegen neues gewolltes Verhalten kämpft, gewinnt häufig die Gewohnheit.

Auf den folgenden Seiten erfahren Sie, warum das so ist, und vor allem, was Sie dafür tun können, damit das bei Ihnen nicht so bleibt. Sie erfahren, wie Sie Ihre volle Willenskraft entfalten können, um sich leichter selbst zu überwinden und an einer Sache dranzubleiben. Dabei werden sowohl Ihr Kopf (Denken) als auch Ihr Bauch (Fühlen) eine wichtige Rolle spielen. Denn so viel sei an dieser Stelle schon verraten: Ihr Kopf bildet zwar eine Absicht, aber Ihr Bauch löst die Umsetzung der Absicht aus. Das heißt, ohne gutes Bauchgefühl kann sich Ihr Wille keinen Weg bahnen. Besonders Menschen, die häufig an ihre Willensgrenzen und manchmal auch darüber hinausgehen, kennen und nutzen den Baucheffekt. Bergsteiger wie Reinhold Messner zählen dazu, aber auch Profifußballer wie Philipp Lahm oder berühmte Musiker wie der Geiger David Garrett. Lesen Sie, wie der Baucheffekt funktioniert, und freuen Sie sich auf viele weitere Anregungen für Ihr Fühlen und Denken.

Probieren Sie die praktischen Tipps im Alltag gleich aus. Führen Sie dazu die elf kleinen Selbstexperimente, die Sie in diesem Buch finden, durch und wiederholen Sie sie, sooft Sie Lust dazu haben.

Verstehen Sie die Tipps als Angebot und prüfen Sie, was für Sie persönlich hilfreich ist. Wer noch mehr über den Willen wissen will, findet im Literaturverzeichnis weitere Denkanstöße.

30 MINUTEN

1. Die Biologie des Willens

Wenn wir mehr aus unserer Willenskraft machen wollen, müssen wir begreifen, was Willenskraft ist, und verstehen, wie unser Wille funktioniert. Die evolutions- und neurobiologische Forschung hat in den vergangenen Jahren viele Erkenntnisse hervorgebracht, um das Phänomen des Willens zu verstehen. Heute wissen wir, warum Ratschläge wie „Du musst es doch nur wirklich wollen, dann schaffst du das auch" zwar gut gemeint, aber falsch sind. Menschen können nicht einfach den Schalter im Kopf umlegen und schon klappt alles ganz einfach. Denn Menschen haben ein biologisches Programm. Wer aber die Programmiersprache der Biologie kennt, kann mehr aus seiner Willenskraft machen.

1.1 Bloß nicht anstrengen

Am Anfang war der Wille. Der Wille war und ist die treibende Kraft, um eine Absicht in die Tat umzusetzen. Bei unseren Vorfahren war das zunächst die Absicht, zu überleben: zu fressen, nicht gefressen zu werden und sich fortzupflanzen. Wie bei allen Tieren. Dafür wurde Energie eingesetzt. Darüber hinaus wurden Anstrengung und Risiko vermieden. Denn Anstrengung kostet Energie, und Risiko bedeutet Gefahr. Sich unnötig anzustrengen kostet unnötig Energie, die für Situationen nicht mehr zur Verfügung steht, in denen die Energie zum Überleben wirklich gebraucht wird. Und sich unnötig Risiken auszusetzen kann Leben kosten.

Das evolutionsbiologische Programm *Anstrengung und Risiko vermeiden* hat in der menschlichen Entwicklung wesentlich zum Überleben beigetragen. Es ist tief in unserem Gehirn verankert und spielt auch im 21. Jahrhundert noch eine wichtige Rolle. Es sagt uns zum Beispiel: „Schokolade essen ist gut", weil wir dadurch Energie gewinnen. Es sagt uns auch: „Sport treiben ist schlecht", weil wir dadurch Energie verlieren. Und es hindert uns manchmal daran, von der Couch aufzustehen, weil es zu Hause sicher ist und in der Welt draußen gefährlich werden kann.

Das Sparsamkeitsprinzip

Die Unlust vieler Menschen, Sport zu treiben, und die Lust, Schokolade zu essen, erfüllen evolutionsbiologisch gesehen die Aufgabe, mit Energie sparsam umzugehen. Bei allem, was wir tun oder lassen, gilt dieses Prinzip der Sparsamkeit. Wenn wir die Wahl haben zwischen etwas, das uns anstrengt, beispielsweise für eine Prüfung zu lernen, und etwas, das uns nicht anstrengt, zum Beispiel fernzusehen, läuft unser evolutionsbiologisches Programm auf Hochtouren. Dann müssen wir uns willentlich entscheiden, ob wir uns anstrengen wollen oder nicht.

Das Sparsamkeitsprinzip war vor einigen 10.000 Jahren sinnvoll, als wir noch im Lendenschurz durch die Savanne Afrikas gerannt sind. Im 21. Jahrhundert blockiert es uns jedoch zumeist. Denn wir wollen uns nicht nur dann anstrengen und Risiken eingehen, wenn wir fressen, nicht gefressen werden oder uns fortpflanzen wollen. Wir wollen uns auch anstrengen, um Ziele zu erreichen.

Unser Wunsch, Ziele zu erreichen, ist zum Gegenspieler unseres evolutionsbiologischen Programms *Anstrengung und Risiko vermeiden* geworden. Da wir Ziele nur dann erreichen, wenn wir etwas tun bzw. etwas anderes lassen und uns das anstrengt und manchmal auch Angst macht, müssen wir uns selbst überwinden. Dazu brauchen wir Willenskraft.

1. Selbstexperiment: Denken Sie an ein Ziel

Denken Sie an ein Ziel, an etwas, wozu Sie wirklich motiviert sind, das Ihnen aber schwerfällt, in die Tat umzusetzen. Vielleicht wollen Sie zehn Kilogramm abnehmen. Überlegen Sie sich, wie Sie sich anders, als Sie es jetzt tun, verhalten müssten, um Ihr Ziel zu erreichen. Und dann überlegen Sie weiter, wie sehr Sie diese neuen Verhaltensweisen anstrengen. Je größer die Anstrengung ist, desto mehr Willenskraft benötigen Sie, um sich selbst zu überwinden.

Der Wille ist die treibende Kraft, um eine Absicht in die Tat umzusetzen und ein Ziel zu erreichen. Er hat es oft schwer, sich gegen den Impuls zur Anstrengungsvermeidung durchzusetzen, weil unsere Natur uns vorgibt, sparsam mit Energie umzugehen. Evolutionsbiologisch gesehen ist es gut, Dinge zu tun, die uns nicht anstrengen, und Dinge zu lassen, die uns anstrengen. Und da es sich richtig anfühlt, sich nicht anzustrengen, brauchen wir Willenskraft, um uns selbst zu überwinden.

1.2 Spaß haben

Ein Verhalten, das uns Spaß macht, führt zur Ausschüttung von Neurostoffen, die angenehme Gefühle in uns verursachen. Angenehme Gefühle wirken belohnend auf uns. Deshalb streben wir alles an, was uns Spaß macht, und versuchen zu vermeiden, was uns keinen Spaß macht. Menschen wollen sich gut fühlen.
Der neurobiologische Belohnungsmechanismus funktioniert wie Buchführung. Alles, was wir tun oder erleben, bereitet uns entweder Lust oder Unlust. Unser

Gehirn registriert und speichert Lust als positive Konsequenzen eines Verhaltens und Unlust als negative Konsequenzen eines Verhaltens wie ein Bilanzbuchhalter. Es verbindet alle Konsequenzen fest mit Ereignissen oder Handlungen und speichert sie in unserem Erfahrungsgedächtnis ab. Nach dieser Bilanz richten wir unser zukünftiges Verhalten aus.

Das Lustprinzip

Diese Lust-Unlust-Bilanzierung zieht sich durch unser ganzes Leben. Dabei sammeln wir einen großen Vorrat an Erfahrungen. Um darauf schnell zugreifen und in verschiedenen Situationen richtig handeln zu können, hat der Bilanzbuchhalter in unserem Gehirn die Aufgabe, die unterschiedlichen Konsequenzerfahrungen eines Verhaltens mit Gefühlsmarkern zu versehen (der Begriff „Gefühlsmarker" stammt von dem Hirnforscher António Damásio, 1994). Immer wenn wir eine Situation erleben, die uns bekannt oder vertraut vorkommt, werden bestimmte Gefühle aus dem Erfahrungsgedächtnis wach, die uns dazu bringen, etwas zu tun oder es zu lassen. Gute Gefühle regen uns dazu an, eine Absicht umzusetzen, schlechte Gefühle hindern uns daran. Und hier haben wir die Verbindung zum Absichtsgedächtnis, wo der bewusste Wille gespeichert ist. Jede Absicht, die Sie bewusst umsetzen wollen, braucht im richtigen Moment ein positives Gefühl aus dem Erfahrungsgedächtnis als Auslöser für die Umsetzung. Dieser Prozess läuft unbewusst und dadurch sehr schnell ab.

Sie merken gar nicht, wie Ihre Gefühle Ihr Denken und Ihr Verhalten steuern.

Zeitpunkt 1	Zeitpunkt 2
Die Bewegung, um eine Absicht in die Tat umzusetzen, wird bereits **unbewusst** vorbereitet, **bevor ...**	... die Handlungsabsicht, es zu tun, **bewusst** wird.

Abb. 1: Unbewusstes läuft viel schneller und stärker ab als Bewusstes

Der Physiologe Benjamin Libet hat 1979 in zahlreichen Experimenten herausgefunden, dass der Zeitpunkt, zu dem eine Handlungsabsicht bewusst wird, hinter dem Zeitpunkt liegt, zu dem der motorische Kortex eine Bewegung bereits unbewusst vorzubereiten beginnt.

Im Alltag sieht das so aus: Wenn Sie auf der Couch liegen und zehn Kilogramm abnehmen wollen, ist das ein wunderbarer Gedanke, der sich genau so lange gut anfühlt, bis das Gefühl des Hungers kommt. Dann läuft das unbewusste Programm ab, als ob ein Autopilot Sie lenkte, und bevor Sie sich umschauen, stehen Sie am Kühlschrank und essen etwas. Alles in Ihnen sagt: „Iss nicht, du willst abnehmen!", und Ihre Hand steckt Ihnen parallel ein Stück Schokolade in den Mund.

Gegen diese unbewusste, unwillkürliche Wucht kämpfen Sie mit Ihrem bewussten Willen an. Da ist es in einem ersten Schritt gut, zu akzeptieren und es auszuhalten, dass das nicht einfach ist.

Die Vorstellung von etwas Angenehmem

Allein die Vorstellung von etwas, das Spaß macht, reicht aus, um den neurobiologischen Belohnungsmechanismus zu aktivieren. Das haben Hirnforscher wie Gerald Hüther in vielen Experimenten eindrucksvoll nachgewiesen. Mit bildgebenden Verfahren wurde das Gehirn im Kernspintomografen dabei beobachtet, welche Areale aktiv werden, wenn man Menschen Fotos von angenehmen Dingen wie zum Beispiel Schokolade zeigt. Schon die Vorstellung davon, Schokolade zu essen, führt zur Ausschüttung von Belohnungsstoffen im Gehirn und dazu, dass sich Menschen gut fühlen. Das ist wichtig zu wissen, denn damit erhöht allein der Gedanke an Schokolade die Wahrscheinlichkeit dafür, dass Schokolade gegessen wird. Der Gedanke an ein bestimmtes Verhalten macht es generell wahrscheinlicher, dass eben dieses Verhalten ausgeführt wird.

Diesen Effekt können Sie natürlich auch dafür nutzen, um ein neues, gewolltes Verhalten einzuüben. Es zwingt Sie ja niemand dazu, an Schokolade zu denken. Sie können stattdessen alternativ daran denken, Sport zu treiben, oder daran, wie es sein wird, wenn Sie Ihr Ziel erreicht haben. Sobald Sie daran denken, wie es sein wird, wenn Sie Ihr Ziel erreicht haben, erhöht sich die Wahrscheinlichkeit dafür, dass Sie sich zieldienlich verhalten und Ihr Ziel tatsächlich erreichen werden.

2. Selbstexperiment: Denken Sie an die Zielerreichung
Stellen Sie sich vor, Sie hätten Ihr Ziel schon erreicht, beispielsweise die gewünschten zehn Kilogramm bereits abgenommen. Malen Sie sich vor Ihrem inneren Auge ganz genau aus, wie es sein wird, wieder in Ihre Lieblingsjeans zu passen und sich fit zu fühlen. Sie werden spüren, wie ein angenehmes Gefühl in Ihnen aufsteigt. Denn Ihre Gedanken lösen die Ausschüttung von Belohnungsneurostoffen im Gehirn aus.

30 *Unser neurobiologisches Programm Lust maximieren und Unlust vermeiden ist dafür verantwortlich, dass es uns so schwerfällt, Dinge zu tun, die uns keinen Spaß machen, und Dinge zu lassen, die uns Spaß machen. Neurobiologisch gesehen ist es sinnvoll, das zu tun, was Spaß macht, weil wir uns damit selbst belohnen und uns gut fühlen. Und Menschen wollen sich gut fühlen.*

1.3 Ich will es ja, aber ich schaffe es nicht

Biologisch gesehen sind wir darauf programmiert, uns möglichst gut zu fühlen. Dieses biologische Programm hat jahrtausendelang unser Überleben gesichert. Im Laufe der Evolution hat sich der Mensch jedoch entwickelt. Heute wohnen wir in tollen Appartements, tragen Anzüge oder High Heels, essen Sushi, nutzen das Internet und haben Ziele. Wir wollen z. B. eine Englischprüfung bestehen oder zehn Kilogramm abnehmen, ein Masterstudium erfolgreich abschließen oder Klavier spielen lernen. Um unsere Ziele zu erreichen, müssen wir oft etwas tun und meist auch etwas anderes lassen. Wir müssen arbeiten, lernen, üben, trainieren, und wir sollten weniger essen, fernsehen, im Internet surfen oder uns weniger anderweitig ablenken.

Das Dilemma ist, dass wir nicht all das schaffen, was wir uns zu tun oder zu lassen vornehmen. Unsere Motivation, das heißt unsere Handlungsbereitschaft, Ziele zu verfolgen, ist viel größer als unser Wille, das heißt die Kraft, unsere Absichten in die Tat umzusetzen. Wir liegen bildlich gesehen oft auf der Couch, denken nach und wollen etwas wirklich sehr. Aber wir schaffen es nicht, von der Couch aufzustehen.

Abb. 2: Unsere Motivation ist größer als unsere Willens-kraft

Was willentlicher Kontrolle untersteht

Bevor wir unsere wertvolle Willenskraft für etwas einsetzen, das vielleicht gar nicht unserer willentlichen Kontrolle untersteht, ist es sinnvoll, zu unterscheiden, was wir überhaupt willentlich beeinflussen können und was nicht.

Willentliche Kontrolle haben wir über alle Handlungen, für die Alternativen bestehen. Immer wenn wir die Möglichkeit haben, eine Sache zu tun oder zu lassen, können wir unsere Handlungen kontrollieren. Wir können uns beispielsweise dazu entscheiden, mehr oder weniger zu essen und mehr oder weniger Sport zu treiben, und damit willentlich Einfluss auf unser Körpergewicht nehmen. Damit ist das Ziel, abzunehmen, ein willentlich erreichbares Ziel.

Sobald wir jedoch keine Wahlmöglichkeit haben, etwas zu tun oder zu lassen, haben wir auch keine willentliche Kontrolle über unsere Handlungen. Beispielsweise schlafen wir bei einer überwältigenden Müdigkeit ein, ob wir das wollen oder nicht. Und wir haben keinen Einfluss darauf, weiterzuwachsen, auch wenn wir größer sein wollen. Bei diesen äußeren oder inneren Zwängen haben wir keine Kontrolle über unsere Handlungen. Ziele wie z. B. endlos wach bleiben zu wollen oder weiter wachsen zu wollen sind damit keine willentlich erreichbaren Ziele.

Weniger ist mehr

Da unsere Willenskraft begrenzt ist, sollten wir sorgsam damit umgehen. Wir müssen uns entscheiden, für welche Ziele wir sie einsetzen. Für alle Ziele reicht die Willenskraft nicht aus. Wenn der Wille nach dem Gießkannenprinzip auf zu viele Ziele verteilt wird, ist die Willenskraft für das einzelne Ziel zu schwach. Dann kommen wir nicht ins Handeln und erreichen gar kein Ziel, obwohl wir hoch motiviert waren.

Wer sich vornimmt, ein Buch zu schreiben, braucht für diese Absicht keine Willenskraft, lediglich ein Bedürfnis von innen (Motiv) oder einen Einfluss von außen (Vorbild). Wer die nächsten drei Jahre wöchentlich viele Stunden damit verbringen will, die Absicht, zu schreiben, umzusetzen, braucht Willenskraft, um anzufangen und dranzubleiben. Und wer gleichzeitig zehn Kilogramm abnehmen will, mit dem Rauchen aufhören und im Job alles geben will, wird am Ende sehr wahrscheinlich von allen Absichten so gut wie nichts umgesetzt haben. Der Wille für die Umsetzung des einzelnen Ziels ist zu schwach. Das biologische Programm *Anstrengung vermeiden* setzt sich durch.

Menschen haben viel mehr Ziele als Willenskraft, alle Ziele in die Tat umzusetzen. Da unsere Willenskraft begrenzt ist, müssen wir uns entscheiden, für welche Ziele wir sie einsetzen. Ansonsten überwinden wir unser biologisches Programm Anstrengung vermeiden *nicht und kommen nicht ins Handeln.*

1.4 Sich selbst überwinden

Montagabend. Der erste Arbeitstag der Woche ist geschafft. Eigentlich haben Sie sich vorgenommen, ins Fitnessstudio zu gehen. Der Geist ist willig, aber das Fleisch
ist schwach. Ihre Absicht, Sport zu treiben, verliert im
Kampf gegen den spontanen Impuls zur Anstrengungsvermeidung. Sie können sich nicht selbst überwinden,
Ihre Absicht in die Tat umzusetzen. Die Couch gewinnt.
Selbstüberwindung ist immer dann nötig, wenn das,
was Sie sich bewusst willentlich vorgenommen haben,
dem widerspricht, wozu Sie jetzt gerade unbewusst
spontan am meisten Lust hätten. Sich selbst zu überwinden fühlt sich an, wie wenn Sie auf einem Fahrrad sitzen
und sich in Bewegung bringen wollen. Sie müssen die
Massenträgheit überwinden. Sobald das Fahrrad einmal
rollt, ist es leichter, in Bewegung zu bleiben.
Aber wie schaffen Sie es, sich leichter in Bewegung zu
bringen? Wie schaffen Sie es, von der Couch aufzustehen? Diese Frage kann wissenschaftlich hochkomplex
beantwortet werden oder praktisch ganz einfach. Gehen wir praktisch ran und bleiben beim Fahrradbei-
spiel. Warum sollten Sie Ihre Energie überhaupt einsetzen, um sich und das Fahrrad in Bewegung zu bringen?
Weil Sie ein Ziel haben.
Menschliches Verhalten richtet sich immer auf ein Ziel.
Ihr Ziel ist entweder von hohem Wert für Sie, z. B. ein
wichtiges Ziel (*Sie wollen zu Ihrem Freund*) oder ein
dringendes Ziel (*Sie wollen unbedingt noch vor Laden-*

schluss etwas zum Essen einkaufen). Es kann auch von (erst mal) geringem Wert für Sie sein (*Sie wollen Kalorien verbrennen*). Je höher der Wert, desto weniger Selbstüberwindung brauchen Sie, denn umso weniger Alternativziele lenken Sie von Ihrem Vorhaben ab.

Der Wert Ihrer Ziele ist dann hoch für Sie, wenn die Ziele zu Ihren Bedürfnissen passen. Das elementare Bedürfnis nach Zuneigung oder Nahrung machen die Ziele *Freund* bzw. *Einkauf* wertvoll. Das Ziel *Kalorien verbrennen* ist dagegen erst einmal weniger wertvoll, da es häufig nur der Vorstellung entspringt, dem medial vermittelten Schlankheitsideal zu entsprechen.

Ist ein Ziel von zunächst geringem Wert für Sie und existieren viele Alternativziele, brauchen Sie eine Strategie, um sich auf ein Ziel zu konzentrieren, alle anderen Wünsche und Ziele zu verdrängen und sich damit die Selbstüberwindung zu erleichtern. Diese Strategie gibt es und sie ist erlernbar, wie Fahrradfahren.

Selbstbeobachtung

Fangen Sie damit an, sich einmal selbst zu beobachten. Mit der Beobachtung des eigenen Verhaltens geht eine Handlungskontrolle einher. Das ist oft der erste Schritt zur Veränderung. Erinnern Sie sich an das Ziel, das Sie im ersten Kapitel formuliert haben. Und nun beobachten Sie einmal bewusst Ihr Verhalten auf dieses Ziel bezogen. Nehmen Sie sich vor dem Einschlafen fünf Minuten Zeit und denken Sie darüber nach, wie Sie sich an dem Tag bezogen auf Ihr Ziel verhalten haben.

3. Selbstexperiment: Beobachten Sie Ihr Verhalten
Achten Sie ab heute einmal bewusst auf sich selbst und darauf, wie Sie sich bezogen auf Ihr Ziel verhalten. Wenn Abnehmen Ihr Ziel ist, dann beobachten Sie, wann und wie häufig Sie sich am Tag bewegen und was Sie wann konkret essen. Selbstbeobachtung lenkt die Aufmerksamkeit auf das Ziel. Und Energie fließt immer in Richtung Ihrer Aufmerksamkeit. Dadurch verändert sich Ihr Verhalten automatisch in die gewünschte Richtung. Probieren Sie es mal aus.

Angenommen, Ihr Ziel ist es, bis zum Sommer zehn Kilogramm abzunehmen, und dafür wollen Sie mehr Sport treiben und weniger Schokolade essen. Denken Sie ab heute jeden Abend vor dem Einschlafen kurz darüber nach, ob Sie beispielsweise die Treppe statt des Aufzugs benutzt haben, ob Sie zur Arbeit gelaufen oder gefahren sind, ob Sie zum Frühstück Schokoladenbrotaufstrich oder Müsli und in der Kaffeepause Kuchen oder Obst gegessen haben. Durch diese Selbstbeobachtung lenken Sie Ihre Aufmerksamkeit auf Ihr Ziel und dadurch ändert sich Ihr Verhalten automatisch schon in die gewünschte Richtung.

Aufmerksamkeitssteuerung

Wie wahrscheinlich ist es, dass Sie sich jetzt, einfach so einen Ruck geben und etwas tun, das Ihnen schwerfällt, beziehungsweise etwas anderes lassen, das Sie sehr gerne mögen? „Ach ja, ich könnte mal Sport treiben statt fernzusehen." Oder: „Okay, ich esse mal Spinat statt Schokolade!" Vermutlich geht es Ihnen da nicht anders als anderen Menschen auch. Es ist unwahrscheinlich, denn der spontane Impuls zur Anstrengungsvermeidung und Lustmaximierung ist stark.

Die Wahrscheinlichkeit, dass Sie sich selbst überwinden, steigt, wenn Sie Ihre Aufmerksamkeit bewusst steuern und Ihr Verhalten vorausdenken. Planen Sie, was Sie wann und wie machen wollen. Und stellen Sie sich vor Ihrem inneren Auge konkret vor, wie Sie diesen Plan umsetzen.

Angenommen, Sie wollen morgen ins Fitnessstudio gehen, um eine Stunde Sport zu treiben. Überlegen Sie sich bereits heute, zu welcher Uhrzeit Sie morgen gehen werden, bereiten Sie Ihre Sporttasche entsprechend vor, planen Sie, wie Sie zum Fitnessstudio kommen werden, und nehmen Sie sich konkrete Zeiteinheiten vor, in denen Sie beispielsweise auf dem Laufband oder an einem anderen Sportgerät trainieren.

Ein Plan schafft eine Selbstverpflichtung. Sie bahnen damit in Ihrem Gehirn bereits mental den Weg, den Sie dann real gehen. Damit schaffen Sie sich eine Struktur, an der Sie sich festhalten können. Und damit fällt es Ihnen leichter, sich in der jeweiligen Situation den Ruck zu geben und mit der beabsichtigten Handlung auch loszulegen. Halten Sie Ihren Plan so kurz, einfach und konkret wie möglich und spielen Sie ihn gedanklich immer wieder durch – am besten mehrmals am Tag.

4. Selbstexperiment: Steuern Sie Ihre Aufmerksamkeit
Denken Sie Ihr Verhalten voraus. Planen Sie, was Sie wann und wie genau machen wollen. Fällt es Ihnen zum Beispiel manchmal schwer, morgens früh aufzustehen, um zur Arbeit zu gehen? Dann führen Sie einmal folgendes Experiment durch. Ersetzen Sie abends beim Schlafengehen den Gedanken „Oh Gott, morgen schon wieder um sechs Uhr raus" durch den Gedanken „Morgen wache ich um sechs Uhr auf und trinke erst mal einen guten Kaffee". Beobachten Sie mal, was passiert.

Sobald Sie sich selbst überwunden haben und z. B. von der Couch aufgestanden sind, um Sport zu treiben, kommt die nächste Herausforderung. Sie müssen alternative Wünsche und Ziele verdrängen und Ihre gesamte Aufmerksamkeit auf das Vorhaben, Sport zu treiben, lenken. Wer sich fokussieren und seine Energie auf ein Ziel bündeln kann, wird es leichter haben, seine Absicht in die Tat umzusetzen.

Wer seine Aufmerksamkeit streut, streut gleichermaßen seine Willensenergie. Energie ist aber begrenzt, so wie Benzin im Tank. Wer zu wenig für die Umsetzung einer Absicht in die Tat bündelt, wird Schwierigkeiten damit haben, sich selbst zu überwinden und durchzuhalten. Beispiele gibt es genug. Denken Sie an Montagabend und den Vorsatz, Sport zu treiben. Wer gleichzeitig mit dem Gedanken spielt, ins Kino zu gehen, ein Bier zu trinken, eine Präsentation für Dienstag vorzubereiten oder zu Hause ein Buch zu lesen, wird wahrscheinlich vor dem Fernseher auf der Couch landen. Das nennt man dann Übersprungshandlung. Statt das zu tun, was Sie sich vorgenommen haben, oder das zu tun, was Sie sich außerdem noch vorgestellt haben, machen Sie etwas gänzlich anderes.

Das biologische Programm **Anstrengung vermeiden und Lust maximieren** *ist stark. Deshalb brauchen wir Willenskraft, um uns selbst zu überwinden, etwas zu tun, das anstrengt und keinen Spaß macht, oder etwas zu lassen, das Spaß macht und nicht anstrengt. Dazu ist die folgende Strategie hilfreich:*

- *Entscheiden Sie sich für ein Ziel, auf das Sie willentlichen Einfluss haben. Konzentrieren Sie sich zu einem Zeitpunkt auf ein Ziel.*
- *Beobachten Sie Ihr Verhalten bezogen auf Ihr Ziel. Was machen Sie bereits, das Sie näher an Ihr Ziel bringt? Und was können Sie noch mehr machen?*
- *Steuern Sie Ihre Aufmerksamkeit. Denken Sie Ihr Verhalten voraus, indem Sie planen, was Sie wann und wie genau machen wollen.*

30 MINUTEN

2. Die Psychologie des Willens

Menschen können dank ihrer Willenskraft große Ziele erreichen. Woran liegt es aber, dass einige Menschen ihre Absichten umsetzen und an ihr Ziel kommen, während andere sich bereits mit kleinen Absichten und Zielen schwertun? Vorweg: Das hat etwas damit zu tun, welche Ziele sich Menschen setzen. Entscheidend ist, dass Ihre Ziele zu Ihnen und Ihrer Lebenssituation passen. Die psychologische Forschung bietet weitere wichtige Erkenntnisse, die erklären können, was unsere Willenskraft mit unserer Zielsetzung zu tun hat.

2.1 Verborgene Motive

Unsere Ziele stehen in Konkurrenz zueinander und kämpfen um unsere Willenskraft. Wir müssen uns bewusst entscheiden, für welche Ziele wir unseren Willen einsetzen. Diese Entscheidung fällt vielen Menschen schwer. Der Grund dafür sind verborgene Motive, die uns nicht bewusst sind und auf die wir wenig Einfluss haben.

Motive

Motive treiben uns an. Sie spielen eine zentrale Rolle dabei, welche Ziele wir uns setzen (sollten). Wir können unsere Motive jedoch nicht bewusst steuern. Das ist so, wie wenn Sie in einen Zug einsteigen, der auf Schienen fährt. Einmal drin, haben Sie keinen Einfluss mehr auf die Richtung des Zuges. Um nicht nur irgendwo anzukommen, sondern das Ziel zu erreichen, das für Sie richtig ist, sollten Sie den Zug bewusst wählen. Und um den richtigen Zug wählen zu können, ist es sehr hilfreich, wenn Sie Ihre (Loko-)Motive kennen.

In der Psychologie unterscheidet man zwischen biologischen und sozialen Motiven, wobei die sozialen Motive in drei Hauptmotive unterteilt werden.

Motive sind von vielen biologischen und sozialen Einflüssen geprägt und entwickeln sich so früh im Leben, dass es nicht ganz einfach ist, sie selbst zu erkennen. Aber es gibt eine Fährte, der Sie folgen können: Achten Sie auf Ihr Gefühl.

Quellen unserer verborgenen Motive			
Biologische Motive	Soziale Motive		
	Anschluss	Macht	Leistung
Stillen von: existenziellen Bedürfnissen wie Atmung, Hunger, Durst, Schlaf, Sexualität, Wärme	Streben nach: Nähe Geborgenheit Freundschaft Zuneigung Familie Partnerschaft Intimität	Streben nach: Einfluss Kontrolle Dominanz Status Geld	Streben nach: Erfolg Anerkennung Entwicklung Entfaltung Erfüllung Selbstverwirklichung

Wenn Sie ein Ziel haben und Ihr Verhalten darauf ausrichten, das gesetzte Ziel zu erreichen, fühlen Sie sich damit erfahrungsgemäß mehr oder weniger gut. Über einen längeren Zeitraum entwickeln Sie abgesehen von unterschiedlichen Tagesformen ein eher gutes oder weniger gutes Gefühl Ihrem Ziel gegenüber. Wenn Sie sich dauerhaft gut damit fühlen, Ihr Ziel zu verfolgen und sich entsprechend zu verhalten, ist das ein verlässliches Zeichen dafür, dass Sie im Einklang mit Ihren unbewussten Motiven leben.

Fühlen Sie sich hingegen über längere Zeit schlecht, kann das ein Zeichen dafür sein, dass die Ziele, die Sie sich gesetzt haben oder die Sie sich haben setzen lassen, nicht zu Ihren verborgenen Motiven passen.

Beispielsweise ist das unbewusste Motiv *Streben nach Zuneigung* mit dem Ziel *Führungskraft werden* nur schwer vereinbar. Eine Führungskraft trifft Entscheidungen, steht häufig in der Schusslinie und braucht deshalb eine hohe Konfliktbereitschaft. Ebenso schwierig kann es werden, wenn das verborgene Motiv nach existenzieller Sicherheit gegen das bewusste Ziel, Autor zu werden, arbeitet. Oder wenn ein schwach ausgeprägtes Leistungsmotiv auf eine ambitionierte sportliche Zielsetzung trifft.

Wer sich Ziele setzt oder setzen lässt, die überhaupt nicht zu den eigenen verborgenen Motiven passen, wird sich schwertun, den Hindernissen und Verlockungen standzuhalten, die ihm auf dem Weg zum Ziel begegnen werden. Entscheidend ist, dass wir Ziele auswählen, die zu uns passen. Nur wenn unsere Ziele mit unseren Motiven übereinstimmen, können wir unsere volle Willenskraft entfalten, um konsequent ein Ziel zu verfolgen, bis wir es erreicht haben.

Stimmt beides nicht überein, haben wir ein Problem: Willenshemmung und Verhaltenshemmung. Dann ist der Wille nicht stark genug, um sich gegen unser biologisches Programm *Anstrengung vermeiden und Lust maximieren* durchzusetzen. Dann fällt es uns schwer, Absichten in die Tat umzusetzen. Wir erreichen nicht, was wir uns vorstellen. Wir werden unzufrieden oder sogar krank und wissen oft gar nicht warum.

Durch unsere verborgenen Motive entsteht von innen heraus eine unbewusste Motivation, ein Handlungsantrieb, ein bestimmtes Ziel zu verfolgen und sich entsprechend zu verhalten. Da wir

auf unsere unbewussten Motive nur wenig Ein-
fluss haben, sollten wir uns Ziele setzen, die zu
unseren Bedürfnissen passen. Nur so können wir
auf unsere volle Willenskraft zugreifen.

2.2 Der verführbare Wille

Neben unseren verborgenen Motiven spielen auch unsere bewussten Vorstellungen von dem, was wir erreichen
wollen, eine Rolle dabei, welche Ziele wir uns setzen.

Ziele
Ziele entstehen in der Kindheit, der Jugend und im Er-
wachsenenalter, und zwar dadurch, dass wir uns bewusst Vorstellungen davon machen, was wir erreichen
wollen, oder uns von anderen bewusst vermittelt wird,
was wir erreichen sollen. Diese Vorstellungen werden
folglich stark von unserer Umwelt, durch sozialen Ver-
gleich und Vorbilder geprägt. Sie sind abhängig von der
Kultur und der Zeit, in der wir leben, und von unserer
Herkunft. Eine Arzttochter entwickelt oft andere Vorstellungen vom Leben als ein Arbeiterkind.
Da Ziele immer in der Zukunft liegen und auf dem Weg
dahin Verhalten nötig ist, das mehr oder weniger anstrengt, haben wir im Laufe der Evolution gelernt, auf
Lustgewinn zu verzichten und stattdessen jetzt Anstrengungen in Kauf zu nehmen, um später ein Ziel zu
erreichen und dadurch noch mehr Lust zu empfinden.

Quellen unserer Vorstellungen und Ziele	
Sozialer Vergleich	Vorbilder
• Werbung in den Medien • Nachbar hat größeres Auto • Kollege ist besser ausgebildet	• Eltern, Verwandte, Freunde • Lehrer, Chefs, Kollegen • Politiker, Künstler, Sportler ...

Belohnungsaufschub

In der Psychologie bezeichnet man die Fähigkeit, auf eine unmittelbare Belohnung zugunsten einer Belohnung in der Zukunft zu verzichten, als Belohnungsaufschub. Willensstarke Menschen haben die Fähigkeit, längere Zeit auf Belohnung zu verzichten, das heißt einen Belohnungsaufschub längere Zeit auszuhalten. Jeder, der ein Musikinstrument zu spielen gelernt oder ein Studium absolviert hat, kennt diesen Belohnungsaufschub. Am Anfang kann man noch gar nichts, und Üben bzw. Studieren strengt an. Eine Belohnung in Form von „Ich beherrsche das Musikinstrument" oder „Ich habe einen Masterabschluss" liegt in weiter Ferne.

Einem Lustimpuls nachgeben		
Erleben	jetzt Lust	später Unlust
Verhalten	Schokolade essen keinen Sport treiben	übergewichtig sein nicht fit sein

Belohnungsaufschub aushalten		
Erleben	jetzt Unlust	später Lust
Verhalten	keine Schokolade essen Sport treiben	schlank sein fit sein

Besonders deutlich kann man die Fähigkeit zum Belohnungsaufschub bei Sportlern, Wissenschaftlern und
Musikern beobachten. Lang Lang, der weltberühmte
Pianist aus China, hat bereits mit zwei Jahren angefan-
gen, Klavier spielen zu lernen. In der Kindheit und Jugend übte er täglich acht Stunden am Klavier, jeden
Tag, auch an Wochenenden, zusätzlich zur Schule. Seinen internationalen Durchbruch feierte Lang Lang mit
17 Jahren. Auch Boris Becker gewann im Alter von 17
Jahren internationale Beachtung, als er 1985 als jüngs-
ter Tennisspieler aller Zeiten das Turnier von Wimble-
don gewonnen hat. Diesem Sieg gingen viele Jahre täg-
lichen, harten Trainings voraus. Die Grundlage für solche Spitzenleistungen ist eine starke Willenskraft, die
es ermöglicht, jetzt und so lange auf Belohnung zu verzichten und so viel Anstrengung in Kauf zu nehmen wie
nötig, um später sein Ziel zu erreichen.

Der Psychologe Walter Mischel hat 1960 ein spannen-
des Experiment zum Belohnungsaufschub durchgeführt, das als *Marshmallow-Test* weltbekannt wurde.
Vierjährige Kinder bekamen ein Marshmallow und
wurden vor die Wahl gestellt, es entweder gleich zu
essen oder ein zweites Marshmallow zu bekommen,

wenn sie einige Minuten warten konnten, ohne das erste Marshmallow zu essen. In einer Langzeitstudie fand Mischel später heraus, dass die Kinder, die warten konnten, die also die Fähigkeit zum Belohnungsaufschub gezeigt hatten, akademisch erfolgreicher waren als die Kinder, die das Marshmallow sofort gegessen hatten.

Im Alltag spüren Sie oft die Notwendigkeit, Belohnungen aufzuschieben. Täglich müssen Sie sich mehrfach entscheiden, Dinge zu tun oder zu lassen. Das fängt damit an, morgens aufzustehen oder doch noch fünf Minuten länger liegen zu bleiben, und endet abends mit der Entscheidung, ins Bett zu gehen oder doch noch den Spätfilm zu schauen. Sie haben häufig die Qual der Wahl zwischen einer willentlichen Anstrengung bzw. einem Verzicht und dem spontanen Impuls zur Anstrengungsvermeidung bzw. einem Lustgewinn. Immer ist Ihre Willenskraft gefordert, dem spontanen Impuls zur Lustmaximierung und Anstrengungsvermeidung zu widerstehen.

Und Sie werden oft herausgefordert, Verführungen zu widerstehen. Denn unsere Vorstellungen über das, was wir erreichen wollen, sind stark beeinflussbar. Werbung verführt zu Schokolade – und wir wollen uns doch eigentlich gesund ernähren. Das Fernsehen und das Internet versprechen anstrengungsfreie Freizeitbeschäftigung – und wir wollen doch eigentlich Sport treiben. Unsere Gesellschaft führt uns ewig in Versuchung und ist damit nicht gerade belohnungsaufschubfreundlich. Positiv ausgedrückt leben wir in einer Welt, die ein wunderbares Trainingsfeld für unseren Willen darstellt. Wer oder was auch immer uns anstrengungsfreien Spaß verspricht, hat es leicht, von außen Einfluss auf unsere Ziele und auf unser Verhalten zu nehmen. Unser neurobiologisches Programm *Lust maximieren und Unlust vermeiden* macht uns zu verführbaren Wesen.

Durch äußere Einflüsse entwickeln wir Vorstellungen über das, was wir erreichen wollen, und damit eine bewusste Motivation, eine Handlungsbereitschaft, ein bestimmtes Ziel zu verfolgen und uns entsprechend zu verhalten. Da Ziele in der Zukunft liegen und die Zielerreichung meist Anstrengung erfordert, haben wir die Fähigkeit entwickelt, jetzt auf Lustgewinn zu verzichten, um später ein Ziel zu erreichen. Diese Fähigkeit nennt man Belohnungsaufschub. Sie ist wichtig, weil wir in einer Welt der Verführung leben, in der unser Wille täglich neu herausgefordert wird.

2.3 Willenskraft steuern

Ziele zu erreichen fällt uns dann leichter, wenn wir begreifen, wie wir unsere Willenskraft steuern können. Die Psychologen Heinz Heckhausen und Peter M. Gollwitzer haben 1986 ein psychologisches Modell der

Entscheidung und Steuerung von Willenshandlungen entwickelt (Rubikon-Modell), das uns dabei helfen kann, diesen Prozess zu verstehen. Das Modell beschreibt die folgenden vier Phasen.

- **Abwägen und entscheiden**

Willenssteuerung fängt damit an, sich für die Ziele unter allen möglichen Zielen zu entscheiden, auf die wir einen willentlichen Einfluss haben und die zu unseren verborgenen Motiven passen. Die Herausforderung dabei ist, seine inneren Bedürfnisse zu erkennen und sich von außen nicht zu sehr beeinflussen zu lassen. Das wissen Sie bereits aus den Kapiteln *Verborgene Motive* und *Der verführbare Wille*.

- **Planen und sich selbst überwinden**

Ist die Entscheidung für ein Ziel getroffen, muss unser Wille dafür sorgen, dass alternative Ziele verdrängt werden. Wir konzentrieren uns auf das eine Ziel und verdrängen alternative Wünsche und andere Ziele. Wir machen bewusst oder unbewusst einen Handlungsplan, wann wir wie und womit loslegen, und steuern so unsere Aufmerksamkeit. Dann folgt die Selbstüberwindung. Wir stehen bildlich gesprochen von der Couch auf und legen los. Das kennen Sie bereits aus dem Kapitel *Sich selbst überwinden*.

- **Handeln und durchhalten**

Sobald wir zu handeln begonnen haben, geht es darum, durchzuhalten. Zunächst fordert das, immer wieder sich selbst zu überwinden und sich nicht ablenken zu lassen. Dazu brauchen wir die Fähigkeit, uns zu fokussieren. Um so lange konsequent an einer Handlung dranzubleiben, bis wir unser Ziel erreicht haben, müssen wir neue Verhaltensweisen automatisieren, an uns selbst glauben und mit Frust umgehen können.

- **Bewerten**

Wenn wir ein Ziel erreicht oder auch nicht erreicht haben, geht es im letzten Schritt darum, den Weg zum Ziel zu reflektieren und zu bewerten, worauf der Erfolg oder Misserfolg zurückzuführen ist. Diese Bewertung ist als Rückmeldeschleife wichtig, um für eine zukünftige Zielsetzung und Zielerreichung dazuzulernen.

Willensstarke Menschen zeichnen sich durch Entschlossenheit, Fokussierungsfähigkeit und Durchhaltevermögen aus. Beispiele dafür sind Extremsportler wie Marathonläufer und Bergsteiger, aber auch Künstler und Wissenschaftler, die sich über Wochen, Monate und manchmal sogar Jahre kompromisslos darauf konzentrieren, einen Wettkampf zu gewinnen, einen Berg zu bezwingen, ein Kunstwerk zu beenden oder eine neue Theorie zu entwickeln. Diese Menschen können alles einem einzigen Ziel unterordnen. Sie gehen abends mit dem Gedanken an ihr Ziel schlafen und stehen morgens mit dem Gedanken an ihr Ziel wieder auf. Zieldienliche Verhaltensweisen üben sie so lange ein, bis das Verhalten automatisch und damit anstrengungsfrei funktioniert. Allen Widerständen zum Trotz glauben sie an sich und ihr Ziel und halten durch.

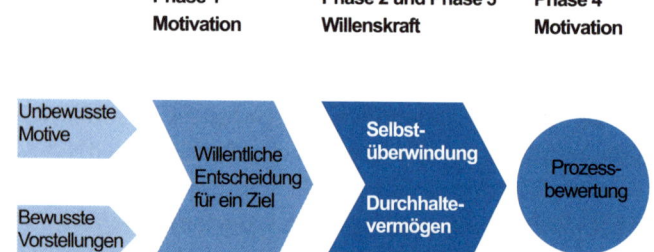

Abb. 3: Prozess der Willenssteuerung verstehen

30 *Willenssteuerung ist die Fähigkeit, sich für ein passendes Ziel zu entscheiden und alternative Ziele zu verdrängen, sich selbst zu überwinden und so lange durchzuhalten, bis das Ziel erreicht ist. Dazu braucht es Willensenergie.*

2.4 Willensenergie messen

Willensenergie lässt sich in sechs Teilkompetenzen aufteilen: Selbstüberwindungskraft, Planungsfähigkeit, Fokussierungsfähigkeit, Durchhaltevermögen, Selbstwirksamkeit und Emotionssteuerung. Mit den folgenden Fragen können Sie Ihre Willensenergie und die Fähigkeit, sich selbst zu steuern, messen. Sie sind an Fragebogen angelehnt, die in der psychologischen Diagnostik z. B. von dem Psychologen Julius Kuhl eingesetzt werden, um persönlichkeitspsychologische Eigenschaften bei Menschen zu messen.

Testen Sie Ihre Willensenergie

Die folgenden 18 Fragen sollen Ihnen dabei helfen, Ihre Willensenergie einzuschätzen. Nehmen Sie Ihr Ergebnis als Anhaltswert und Grundlage für weitere Überlegungen. Wenn Sie an einem wissenschaftlich fundierten Test zur Messung Ihrer Willensenergie interessiert sind, können Sie sich bei einem Diplom-Psychologen professionell testen lassen.

Bei der Beantwortung der Fragen gibt es keine richtigen oder falschen Antworten. Überlegen Sie daher nicht, welche Antworten den besten Eindruck machen könnten. Kreuzen Sie spontan das an, was Ihrer Einstellung und Empfindung entspricht. Sie profitieren am meisten, wenn Sie die Fragen ehrlich beantworten. Entscheiden Sie sich, welche der folgenden Aussagen wie stark auf Sie zutrifft.

Auswertung der Fragen zur Willensenergie

Wenn Sie eine Frage mit „Trifft sehr häufig zu" beantwortet haben, zählt das fünf Punkte. „Trifft häufig zu" zählt vier Punkte, „Trifft manchmal zu" zählt drei Punkte, „Trifft selten zu" zählt zwei Punkte und „Trifft sehr selten zu" zählt einen Punkt. Notieren Sie Ihre Punkte für die jeweilige Frage. Jeweils drei Fragen bilden eine Teilkompetenz Ihrer Willensenergie ab. Zählen Sie die Punkte für die entsprechenden Dreierblocks und Ihre Gesamtpunktzahl zusammen.

Fragen zur Willensenergie	Trifft sehr selten zu	Trifft selten zu	Trifft manch-mal zu	Trifft häufig zu	Trifft sehr häufig zu
	1	2	3	4	5
1. Ich erledige unangeneh-me Dinge sofort ohne zu zögern.					
2. Ich gehe neue Herausfor-derungen aktiv an.					
3. Ich fühle mich oft voller Energie und Tatkraft.					
4. Es fällt mir leicht, die rich-tigen Prioritäten zu setzen.					
5. Für neue Ziele mache ich mir einen Plan und gehe systematisch danach vor.					
6. Ich denke über Konse-quenzen meiner Handlun-gen nach.					
7. Ich bin sehr diszipliniert.					
8. Ich konzentriere mich auf eine Aufgabe so lange, bis ich Ergebnisse erziele.					
9. Wenn es nötig ist, wider-stehe ich konsequent den Erwartungen anderer.					

Fragen zur Willensenergie	Trifft sehr selten zu	Trifft selten zu	Trifft manch- mal zu	Trifft häufig zu	Trifft sehr häufig zu
	1	2	3	4	5
10. Beharrlichkeit und Aus- dauer gehören zu meinen Stärken.					
11. Widerstände und Hinder- nisse gehe ich aktiv an.					
12. Wenn sich die Umstände ändern, kann ich mein Verhalten anpassen.					
13. Ich kann mich eigentlich immer auf meine Fähig- keiten verlassen.					
14. Ich kann auch bei unange- nehmen Aufgaben positi- ve Aspekte finden.					
15. Ich finde immer Wege, um aus schwierigen Situatio- nen herauszukommen.					
16. Es dauert nicht lange, bis ich mich nach Misserfol- gen wieder erholt habe.					
17. Es fällt mir leicht, eine ne- gative Stimmung zu ver- bessern.					
18. Ich kann meine Gefühle positiv beeinflussen.					

Auswertung			
Frage	Punkte	Summe Teilkompetenz	Gesamt- punktzahl
1		Selbstüberwindungskraft	
2			
3			
4		Planungsfähigkeit	
5			
6			
7		Fokussierungsfähigkeit	
8			
9			
10		Durchhaltevermögen	
11			
12			
13		Selbstwirksamkeit	
14			
15			
16		Emotionssteuerung	
17			
18			

Selbstüberwindungskraft

Wie gut gelingt es Ihnen, sich selbst einen Ruck zu geben, an eine Sache ranzugehen und dem Impuls der Anstrengungsvermeidung zu widerstehen? Eine starke

Selbstüberwindungskraft hilft Ihnen dabei, sich selbst einen Ruck zu geben und eine Absicht in die Tat umzusetzen. Bei mehr als zehn Punkten haben Sie eine Tendenz zu starker Selbstüberwindungskraft.

Planungsfähigkeit

Wie gut gelingt es Ihnen, einen Weg zum Ziel zu finden und die einzelnen Schritte zum Ziel zu gehen? Eine starke Planungsfähigkeit hilft Ihnen dabei, Ihre Aufmerksamkeit zu steuern und eine Absicht in die Tat umzusetzen. Bei mehr als zehn Punkten haben Sie eine Tendenz zu starker Planungsfähigkeit.

Fokussierungsfähigkeit

Wie gut gelingt es Ihnen, Ihre Energie auf ein Ziel zu lenken und sich trotz einströmender Reize auf eine Sache zu konzentrieren? Eine starke Fokussierungsfähigkeit hilft Ihnen dabei, sich von Ablenkungen abzuschirmen und länger durchzuhalten. Bei mehr als zehn Punkten haben Sie eine Tendenz zu starker Fokussierungsfähigkeit.

Durchhaltevermögen

Wie gut gelingt es Ihnen, trotz auftretender Widerstände und Verlockungen an einer Sache längerfristig dranzubleiben? Ein starkes Durchhaltevermögen hilft Ihnen dabei, eine Absicht aufrechtzuerhalten und auf Dauer umzusetzen. Bei mehr als zehn Punkten haben Sie eine Tendenz zu starkem Durchhaltevermögen.

Selbstwirksamkeit

Wie gut gelingt es Ihnen, auf die eigenen Fähigkeiten zu vertrauen und an sich selbst zu glauben? Eine starke Selbstwirksamkeit hilft Ihnen dabei, Handlungen langfristig erfolgreich auszuführen und länger durchzuhalten. Bei mehr als zehn Punkten haben Sie eine Tendenz zu starker Selbstwirksamkeit.

Emotionssteuerung

Wie gut gelingt es Ihnen, Ihre Gefühle bewusst zu beeinflussen und sich trotz Schwierigkeiten und Niederlagen in eine positive Stimmung zu bringen? Eine starke Emotionssteuerung hilft Ihnen dabei, mit Frustration besser umzugehen und länger durchzuhalten. Bei mehr als zehn Punkten haben Sie eine Tendenz zu starker Emotionssteuerung.

Wie viele Punkte haben Sie von den insgesamt 90 möglichen Punkten erreicht? Und wie viele Punkte haben Sie von den jeweils 15 erreichbaren Punkten bei den sechs einzelnen Teilkompetenzen erreicht? Je höher Ihre Punktzahl, desto wahrscheinlich ist es, dass Ihre Willenskraft stark genug ist, um eine Absicht in die Tat umzusetzen, das heißt, sich selbst zu überwinden und so lange an einer Zielverfolgung dranzubleiben, bis Sie Ihr Ziel erreicht haben.

Schauen Sie einmal, in welchen Teilkompetenzen Sie bereits ganz gut sind und auf welche Ressourcen Sie schon zurückgreifen können. Und in welchen Teilkompetenzen können Sie noch besser werden? Nutzen Sie die Ergebnisse, um Ihre Willenskraft zu entwickeln. Die Selbstüberwindungskraft und Planungsfähigkeit haben Sie bereits im ersten Kapitel kennengelernt. In den folgenden Kapiteln erfahren Sie mehr über die Fokussierungsfähigkeit, das Durchhaltevermögen, die Selbstwirksamkeit und die Emotionssteuerung.

Verborgene Motive und bewusste Vorstellungen über das, was wir erreichen wollen, treiben uns an, Ziele zu verfolgen. Je besser unsere Ziele zu unseren Motiven passen, desto weniger Willensenergie benötigen wir für die Zielerreichung. Willensenergie setzt sich zusammen aus Selbstüberwindungskraft, Planungsfähigkeit, Fokussierungsfähigkeit, Durchhaltevermögen, Selbstwirksamkeit und Emotionssteuerung. Um sich leichter selbst zu überwinden und länger durchzuhalten, ist die folgende Strategie hilfreich:

- *Prüfen Sie die Ziele, die Sie sich setzen, darauf, ob sie zu Ihren Motiven passen.*
- *Steuern Sie Ihre Willenskraft, indem Sie die Teilfähigkeiten Ihrer Willensenergie, die Ihnen noch schwerfallen, bewusst entwickeln.*

30 MINUTEN

3. Willenskraft bewusst entwickeln

Montagabend. Der erste Arbeitstag der Woche ist geschafft. Und Sie haben sich überwunden, waren im Fitnessstudio und sind stolz auf sich. Am Donnerstag wollen Sie wieder Sport treiben und dann jede Woche montags und donnerstags. Denn Ihr Ziel lautet, bis zum Sommer zehn Kilogramm abzunehmen. Sie sind guter Dinge, immerhin hat es schon einmal geklappt. Doch am Donnerstagabend werden Sie von Gedanken, Vorstellungen und Ideen überfallen, was Sie statt der geplanten sportlichen Betätigung alternativ machen könnten. Sie schaffen es nicht, sich auf den Sport zu fokussieren. Das Durchhaltevermögen fehlt. Sie verlieren den Glauben daran, dass Sie es schaffen, und fühlen sich schlecht. Die Couch gewinnt. Das muss jedoch nicht so sein.

3.1 Fokussierung

Fokussierung ist der Schlüssel zu Ihrer Willenskraft. Wer zu viele Absichten parallel umsetzen und zu viele Aufgaben gleichzeitig erledigen will, erledigt eher seine Willenskraft als die Aufgaben. Wenn Sie Ihre Aufmerksamkeit teilen, nimmt Ihre Willenskraft für die einzelne Absicht ab. Das kennen Sie bereits durch den Test *Farbe benennen statt Wort lesen* am Anfang des Buches. Zwei Absichten arbeiten gegeneinander und können die Willenskraft überfordern. Während Sie eine Handlung ausführen, kann bereits der Gedanke an eine andere Handlung Ihre Konzentration beeinträchtigen.

Bergsteiger schildern das sehr anschaulich. Danach gefragt, woran sie denken, während sie am Berg klettern, sagen viele: „Sobald ich in der Wand bin, konzentriert sich meine Welt auf die wenigen Quadratzentimeter für den nächsten Klettergriff. Mitten in der Wand darf ich nicht nachdenken."

Lernen Sie von Bergsteigern. Fokussieren Sie sich auf das, was Sie sich vorgenommen haben. Wenn Sie z. B. Englisch lernen wollen, dann lernen Sie Englisch und nichts anderes. Menschen können sich aufgrund ihres Wahrnehmungsapparates (Sinnesorgane) und ihrer kognitiven Ausstattung (subkortikale und kortikale Strukturen) zur gleichen Zeit bewusst ohnehin nur auf eine Absicht konzentrieren. Fordern zwei Absichten gleichzeitig zu viel bewusste Aufmerksamkeit, geraten wir ins Stocken. Aber wie schaffen Sie es, sich auf eine Absicht zu konzentrieren, sich nicht durch äußere oder innere Ablenkung defokussieren zu lassen, sondern Ihre Willenskraft auf einen Brennpunkt zu bündeln?

Fokussierung ist in unserer Bespaßungsgesellschaft mit den allgegenwärtigen Aufmerksamkeitsräubern gar nicht so einfach. Durch die beiden Hauptdefokussierungsmaschinen unserer Zeit, das Internet und das Fernsehen, haben Sie überall und immer das Mittel der medialen Ablenkung. Und die Bedarfsweckungsgesellschaft lenkt Ihre Fantasie auf immer neue Dinge, die Sie haben wollen, tun wollen oder sein wollen, und führt Sie damit in Versuchung. Wer uns anstrengungsfreien Spaß verspricht, hat es leicht, uns zu gewinnen. Unser biologisches Programm *Anstrengung vermeiden und Lust maximieren* macht uns verführbar.

Und solange wir Ablenkung als Belohnung empfinden oder verkauft bekommen, werden wir es schwer haben, uns zu fokussieren. Es wäre ja ziemlich blöd, sich selbst zu bestrafen, indem wir auf eine mögliche Belohnung verzichteten. Das widerspräche unserer Natur.

Meist sind äußere Ablenkungen aber nur die Erfüllungsgehilfen einer inneren Defokussierung. Wer seine inneren Bedürfnisse (Motive) nicht kennt oder sich falsche Vorstellungen davon macht, welche Ziele er erreichen will, ist durch Ablenkung stärker verführbar.

Ablenkung ausblenden oder abschaffen

Es gibt eine Strategie, wie Sie sich trotz der vielen Aufmerksamkeitsräuber leichter fokussieren können. Die

Kunst der Fokussierung besteht im Weglassen, das heißt darin, Ablenkung auszublenden oder abzuschaffen. Nicht mehr ist besser, sondern weniger ist mehr.

Wenn Sie weniger Schokolade essen wollen und Ihr Kühlschrank voller Schokolade ist, müssen Sie entweder ausblenden, dass da so viel Schokolade im Kühlschrank ist, oder aber Sie müssen die Schokolade im Kühlschrank abschaffen. Wollen Sie eigentlich Englisch lernen, wissen aber, dass Sie das anstrengt und es Ihnen nur mäßig Spaß macht, sollten Sie nicht gerade die Fernbedienung neben dem Englischbuch liegen haben. Die Versuchung, den Fernseher einzuschalten statt das Englischbuch aufzuschlagen, ist zu groß.

Wenn Sie sich überwinden müssen, etwas zu tun, das Sie eigentlich wollen, das Ihnen aber schwerfällt, umzusetzen, hilft die Strategie des Ausblendens von Ablenkung. Mit den meisten Dingen, die uns von dem ablenken, was wir eigentlich tun oder erreichen wollen, ist es gleich: Es wäre oft besser, wenn sie gar nicht da wären. Denn Sie benötigen ein Vielfaches an Willenskraft, um einer Versuchung, die Sie unmittelbar vor Augen haben, zu widerstehen, als wenn die Versuchung gar nicht in Ihrem Blickfeld wäre. Und dafür, dass Ablenkungen da sind oder nicht da sind, können Sie etwas tun: Schaffen Sie sie ab.

5. Selbstexperiment: Fokussieren Sie sich
Konzentrieren Sie sich zu einem Zeitpunkt auf ein Ziel. Diese Fokussierung gelingt Ihnen leichter, wenn Sie Ablenkungen abschaffen oder ausblenden. Testen Sie sich einmal selbst. Wie leicht gelingt es Ihnen,

konzentriert an einer Aufgabe zu arbeiten, wenn Sie immer wieder durch das Telefon, E-Mails, die Türklingel oder andere äußere Einflüsse gestört werden? Und wie gut können Sie sich auf eine Aufgabe konzentrieren, wenn Sie dafür gesorgt haben, dass zumindest für einige Stunden das Telefon und die Türklingel auf stumm und das Internet ausgeschaltet sind?

Wenn Sie sich generell nur schwer auf eine Sache konzentrieren können und dazu neigen, viele Absichten parallel in Ihrem Kopf hin und her zu wälzen, sind Yoga oder Meditation, Wandern oder Joggen gute Möglichkeiten, sich selbst zu fokussieren.

Fokussieren heißt, die Willenskraft auf eine Absicht ausrichten, so wie der Fokus einer Linse das Licht auf einen Brennpunkt bündelt. Das gelingt Ihnen leichter durch Weglassen, durch Ausblenden oder Abschaffen von Ablenkungen. Richten Sie sich Ihr Umfeld speziell dann bewusst ablenkungsarm ein, wenn Ihnen etwas besonders schwerfällt, in die Tat umzusetzen. Je besser Sie sich fokussieren, desto einfacher wird es für Sie, sich selbst zu überwinden – immer wieder.

30

3.2 Durchhaltevermögen

Sie haben sich einmal überwunden und die Schokolade stehen lassen. Nun sind Sie guter Dinge, dass Sie dranbleiben und die Schokolade regelmäßig stehen lassen. Wo ein Wille ist, ist auch ein Weg, aber wo eine Schokolade ist, ist auch die Lust, selbige zu essen. Und beim nächsten Mal schlagen Sie wider Willen zu.

Wer an seinen eigenen Grenzen operiert, muss sich so lange immer wieder aufs Neue selbst überwinden, bis eine neue Verhaltensweise zur Gewohnheit geworden ist. Besonders wenn Sie eine lange Durststrecke des Belohnungsaufschubs vor sich haben, brauchen Sie dazu neben der Strategie zur Selbstüberwindung eine zweite gute Taktik, um es sich zu erleichtern, Ihre Willenskraft aufrechtzuerhalten und selbst durchzuhalten. Diese Taktik gibt es: Üben Sie eine neue Verhaltensweise so lange ein, bis sie von allein funktioniert, und belohnen Sie sich auf dem Weg dahin immer wieder selbst.

Automatisierung

Etwas zu tun, fällt uns dann leicht, wenn es uns Spaß macht oder wenn wir gar nicht darüber nachdenken müssen, ob wir es tun wollen. 90 Prozent aller Verhaltensweisen, die wir täglich ausführen, laufen unbewusst, wie von allein ab. Beispielsweise unsere alltägliche Morgenroutine: aufstehen, Zähne putzen, anziehen, zur Arbeit fahren. Den meisten macht das nicht wirklich Spaß. Trotzdem brauchen wir wenig willentliche Anstrengung dafür, denn wir machen es automatisch. Wir tun es aus Gewohnheit, und Gewohnheiten geben eine feste Struktur, funktionieren automatisch und sparen dadurch Willensenergie für die wirklich wichtigen

Dinge. Man sagt, Albert Einstein habe zwölf identische Anzüge besessen, um sich keine unnötigen Gedanken darüber machen zu müssen, was er morgens anzieht. So sparte er Energie für die wirklich wichtigen Aktivitäten: die Arbeit an der Relativitätstheorie.

Wenn das Fitnessstudio ganz selbstverständlich in den Alltag integriert und die Schokolade aus Ihrem Kühlschrank verschwunden ist, dann ist nur noch geringe oder gar keine Willenskraft mehr erforderlich, um keine Schokolade mehr zu essen und Sport zu treiben.

Menschen, die ihre intellektuelle Kapazität jedoch dafür nutzen, Dinge, die immer wiederkehren, zu regeln, z. B. was sie anziehen, frühstücken, wie sie zur Arbeit kommen, wann sie zu Mittag essen und so weiter, verschwenden ihre Willensenergie.

Fokussierung ist der Schlüssel zur erfolgreichen Selbstüberwindung. Automatisierung ist das Erfolgsgeheimnis für mehr Durchhaltevermögen. Automatisierung kommt aber nicht durch einen einmaligen Selbstüberwindungsruck zustande („Ich will, dass etwas zur Gewohnheit wird"), sondern nur durch Wiederholung und Einübung.

Der Psychologe Donald Olding Hebb hat 1949 herausgefunden, dass unser Gehirn in Abhängigkeit der Benutzung synaptische Verbindungen zwischen den Nervenzellen aufbaut oder kappt („Cells that fire together, wire together"). Neurobiologen wie Gerald Hüther sprechen heute von der „experience dependent plasticity of neuronal networks", der Plastizität unseres Gehirns.

Je nachdem, was wir immer wieder denken, empfinden und tun, verschalten sich unsere Nervenzellen. Über einen Zeitraum von sechs bis neun Monaten können sich feste Verbindungen wie neuronale Trampelpfade im Gehirn ausbilden. Neue Gewohnheiten entstehen also, indem wir neue Verhaltensweisen einüben.

Für die Ausführung eines automatisierten Verhaltens ist so gut wie keine Selbstüberwindung mehr nötig. Die Energie, die Sie zur willentlichen Ausführung eines Verhaltens brauchen, nimmt mit steigendem Automatisierungsgrad ab.

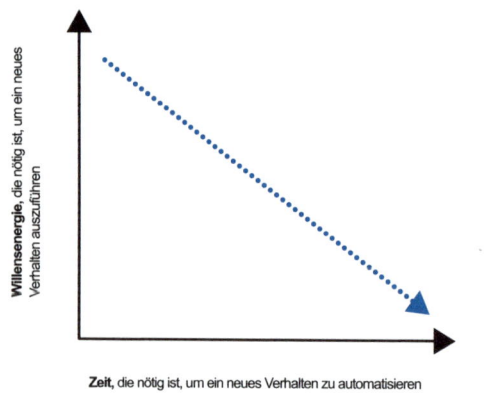

Abb. 4: Verhältnis von Energieeinsatz und Automatisierungsgrad eines Verhaltens

Je häufiger und regelmäßiger Sie ein Verhalten wiederholen, desto weniger anstrengend wird es für Sie.

6. Selbstexperiment: Automatisieren Sie neues Verhalten

Mit welcher Hand putzen Sie sich Ihre Zähne, mit der rechten oder der linken Hand? Wechseln Sie heute Abend die Hand. Putzen Sie sich heute mit der anderen Hand die Zähne und achten Sie darauf, wie ungewohnt sich das anfühlt und wie viel Aufmerksamkeit und bewusste willentliche Anstrengung es Sie kostet. Und dann wechseln Sie die Hand wieder. Sie werden sofort spüren, wie angenehm einfach die Bewegungen mit der gewohnten Hand möglich sind. Neue Verhaltensweisen strengen zunächst an. Aber sie können so lange wiederholt und eingeübt werden, bis sie als Gewohnheit automatisch ablaufen. So wie Zähneputzen mit der gewohnten Hand.

Wie schaffen Sie es, ein neues Verhalten in Ihren Alltag zu integrieren, es zu automatisieren? Unser Gehirn hilft uns dabei, es will Verhalten automatisieren, das heißt Gewohnheiten ausbilden, denn eine Gewohnheit trägt eine Belohnung in sich. Automatisiertes Verhalten gibt uns ein Gefühl von Kompetenz und Sicherheit. Es strengt uns nicht an und gibt uns ein gutes Gefühl.

Einen Haken gibt es bei der Sache allerdings. Wir haben bereits viele Verhaltensweisen automatisiert und zur Gewohnheit werden lassen. Leider oft zu einer schlechten Gewohnheit, gegen die kein Kraut gewachsen scheint. Schokolade essen und keinen Sport treiben sind nur zwei Beispiele dafür.

Schlechte Angewohnheiten

Da automatisiertes Verhalten und Gewohnheiten so angenehm für uns sind, ist es unheimlich schwierig, schlechte Gewohnheiten zu verlernen und ein neues Verhalten zur Gewohnheit aufzubauen. Eine Verhaltensänderung hat nur dann eine Chance, wenn das neue Verhalten eine stärkere Belohnung verspricht als das Festhalten am gewohnten Verhalten.

Das können Sie mit einem Trampelpfad auf dem Nachhauseweg vergleichen. Natürlich gibt es eine Straße, die führt jedoch um den Bahnhof herum. Der Trampelpfad verläuft direkt vom Bahnhof zu Ihrem Wohnhaus. Also gehen Sie den Trampelpfad, den Sie immer nehmen und der Sie schneller und bequemer nach Hause bringt. Die Straße nehmen Sie nur dann, wenn Sie auf dem Nachhauseweg noch etwas einkaufen wollen. Auf dem Trampelpfad gibt es keinen Supermarkt, an der Straße schon, das verspricht eine Belohnung.

Ein neues Verhalten, zum Beispiel *Sport treiben*, wird nur dann automatisiert, wenn Sie es regelmäßig wiederholen und damit einüben. Dabei sollten Sie wenige und möglichst konkrete Situationen auswählen, in denen Sie die neuen Verhaltensweisen täglich oder sogar mehrmals täglich einüben können. Benutzen Sie z. B. wiederholt die Treppe statt den Aufzug. Kaufen Sie wiederholt etwas anderes als Schokolade. Schalten Sie den Fernseher wiederholt bewusst erst zu einem Spielfilmbeginn ein. Wiederholung ist der Schlüssel zur Automatisierung. Überlegen Sie einmal, welche Ihrer Verhaltensweisen bereits automatisiert sind und wie lange und wie oft Sie das jeweilige Verhalten wiederholt haben, bis es zu einer Gewohnheit geworden ist. Zum Beispiel Auto fahren: Erinnern Sie sich noch an die erste Fahrstunde und daran, wie anstrengend es war, auf die vielen Dinge, die zum Autofahren nötig sind, gleichzeitig zu achten? Und wie ist das heute, nach vielen Tausend Kilometern Übung? Oder Lesen. In der ersten Klasse haben Sie mühsam einen Buchstaben an den anderen gereiht und so über viele Monate hinweg flüssiges Lesen gelernt. Heute lesen Sie so gut und automatisch, dass es Ihnen schwerfällt, es zu unterdrücken. Diese Erfahrung haben Sie im Test *Farbe benennen statt Wort lesen* am Anfang des Buches gemacht.

Alles, was im Leben spielend leicht aussieht, hat mit Einüben und Wiederholen zu tun, um es spielend leicht aussehen zu lassen.

Selbstbelohnung

Auch wenn wir uns sehr gut fokussieren können, ist es in den sechs bis neun Monaten, die es dauert, bis ein neues Verhalten automatisiert ist, schwer, Belohnungsaufschub auszuhalten. Verlockungen können in Versuchung führen, und regelmäßiges Einüben neuer Verhaltensweisen strengt an. Durch kleine, gezielte Selbstbelohnungen auf dem Weg können Sie dem spontanen Impuls zur Anstrengungsvermeidung entkommen und den Impuls zur Lustmaximierung befriedigen. Längere Durststrecken lassen sich damit einfacher durchhalten.

Beachten Sie dabei die drei folgenden Selbstbelohnungsregeln:

- **Zeitnahe Selbstbelohnung:** Die Selbstbelohnung muss möglichst zeitnah zur willentlichen Umsetzung einer Absicht erfolgen, damit Sie die Belohnung überhaupt in Verbindung mit der Anstrengung bringen. Bei dem Ziel, zehn Kilogramm abzunehmen, und der Umsetzung der Absicht, zweimal pro Woche Sport zu treiben, können Sie sich nach dem Sport mit etwas belohnen, das Ihnen Spaß macht und Sie nicht anstrengt, beispielsweise mit einem guten Film im Fernsehen.
- **Unregelmäßige Selbstbelohnung:** Sie sollten sich nicht regelmäßig nach jeder sportlichen Betätigung selbst belohnen. Wenn Sie ein Verhalten immer und immer gleich belohnen, nimmt die Belohnungswirkung mit der Zeit ab und Sie erleben kein Belohnungsgefühl mehr. Jedes Mal fernsehen nach dem Fitnessstudio hält Sie nicht bei der Stange. Einmal fernsehen, das nächste Mal keine Belohnung, dann ein gutes Buch lesen oder Freunde treffen. Variieren Sie Ihre Selbstbelohnung.
- **Angemessene Selbstbelohnung:** Ihre Selbstbelohnungen sollten Ihrer Anstrengung angemessen, das heißt verhältnismäßig sein. Eine große Selbstbelohnung für eine kleine Anstrengung wirkt eher demotivierend und schwächt Ihren Willen. Ein teurer Einkauf nach 20 Minuten Laufband ist unangemessen. Ein Wellness-Wochenende mit dem Partner, nach-

dem Sie Ihr Ziel erreicht und zehn Kilogramm abgenommen haben, kann hingegen angemessen sein.

> **7. Selbstexperiment: Belohnen Sie sich selbst**
> Behandeln Sie sich gut und belohnen Sie sich auf dem Weg zu Ihrem Ziel immer wieder selbst. Überlegen Sie jetzt konkret, mit was Sie sich selbst eine angemessene kleine Freude bereiten können. Und dann planen Sie für das nächste Mal, wenn es Ihnen gelingt, sich zieldienlich zu verhalten, ein, sich genau damit selbst zu belohnen. Beobachten Sie mal, ob es Ihnen damit leichter fällt, sich selbst zu überwinden (weil Sie sich auf die Selbstbelohnung freuen) und länger durchzuhalten.

Lernen Sie auch hier von Leistungssportlern, Künstlern oder Wissenschaftlern. Allein durch die intensive Vorstellung der Zielerreichung schütten diese Menschen so viele Belohnungsneurostoffe aus, dass sie längere Durststrecken mit Anstrengungen, Verlockungen und auch Rückschlägen besser aushalten können. Sie nutzen dafür die Macht einprägsamer Bilder und führen sich möglichst klar und deutlich vor Augen, wie es aussieht, z. B. einen Forschungspreis zu erhalten, tosenden Applaus nach einem Konzert zu bekommen oder einen Wettkampf zu gewinnen. Diese imaginative Selbstbelohnung ist hochwirksam, sie ist jederzeit und überall möglich und überdies kostenfrei.

Je schwieriger Ihnen ein neues Verhalten fällt, desto mehr Durchhaltevermögen brauchen Sie.

Erleichtern Sie sich das Durchhalten, indem Sie neue Verhaltensweisen automatisieren, das heißt die neuen Verhaltensweisen so lange einüben, bis sie zur Gewohnheit geworden sind. Nach neueren Erkenntnissen der Hirnforschung dauert das zwischen sechs und neun Monaten. Die Anstrengung zahlt sich aus. Nach dieser Zeitspanne wirkt das automatisierte Verhalten in sich belohnend und es braucht dafür weit weniger willentliche Anstrengung. Die Durststrecke von sechs bis neun Monaten durchzustehen (Belohnungsaufschub), ist das Geheimnis willensstarker Menschen. Durch Selbstbelohnung auf dem Weg gelingt das leichter.

3.3 Selbstwirksamkeit

Der Glaube kann bekanntlich Berge versetzen. Wer davon überzeugt ist, aufgrund eigener Kompetenzen gewünschte Handlungen erfolgreich ausführen zu können, besitzt das, was Psychologen eine hohe Selbstwirksamkeitserwartung nennen.

Menschen mit einer hohen Selbstwirksamkeitserwartung sind davon überzeugt, dass sie in der Lage sind, trotz Hindernissen oder Verlockungen ihre Ziele erfolgreich zu erreichen. Wer hingegen unsicher ist, ob er das, was er sich vornimmt, schaffen kann, hat eine geringe Selbstwirksamkeitserwartung. Absichten und Pläne umzusetzen und Ziele zu erreichen fällt diesen

Menschen schwerer, da sie immer wieder an sich selbst und ihrer Sache zweifeln.

Um Ihre Selbstwirksamkeit zu steigern, können Sie die Erkenntnisse des Psychologen Albert Bandura nutzen. Er hat die folgenden vier Quellen der Selbstwirksamkeit erforscht:

- **Meistern schwieriger Situationen:** Wenn Sie schwierige Situationen erfolgreich bewältigen, stärkt das Ihren Glauben an die eigenen Fähigkeiten. Sie werden sich auch in Zukunft zutrauen, schwierige Situationen zu meistern. Richten Sie Ihre Aufmerksamkeit bewusst auf die Dinge, die Ihnen gut gelingen.
- **Beobachten von Vorbildern:** Wenn Menschen in Ihrer Umgebung mit ähnlichen oder gleichen Fähigkeiten, wie Sie sie haben, schwierige Situationen meistern, trauen Sie sich auch eher zu, ähnlich schwierige Situationen zu meistern. Richten Sie Ihre Aufmerksamkeit bewusst auf die Personen in Ihrem Umfeld, denen schwicrige Aufgaben gelingen.
- **Soziale Unterstützung:** Wenn andere Ihnen zutrauen, eine schwierige Situation zu meistern, strengen Sie sich eher an, glauben mehr an sich und bewältigen Dinge, die Sie ohne dieses Fremdzutrauen nicht geschafft hätten. Richten Sie Ihre Aufmerksamkeit bewusst auf die Personen in Ihrem Umfeld, die Ihnen etwas zutrauen und die an Sie glauben.
- **Körperliche Reaktionen:** Ihre eigenen Körperreaktionen bilden die Grundlage für Ihre Situations- und

Selbstwirksamkeitseinschätzung. Wenn Sie sich schon bei dem Gedanken an Sport körperlich anspannen und flach atmen, führt das oft zu emotionalen Reaktionen wie Abneigung gegenüber Sport. Gefühle der Abneigung können schnell zu Selbstzweifeln und damit zu einem geringen Zutrauen führen. Richten Sie Ihre Aufmerksamkeit in so einem Moment bewusst auf Ihre Körperhaltung und Atmung. Nehmen Sie eine aufrechte Körperhaltung ein und atmen Sie ruhig und tief durch.

Da sich die Selbstwirksamkeit vor allem beim praktischen Handeln entwickelt, lade ich Sie hier wieder zu einem Selbstexperiment ein.

8. Selbstexperiment: Glauben Sie an sich selbst
Denken Sie an Ihr formuliertes Ziel aus dem ersten Kapitel. Beobachten Sie sich eine Woche lang selbst. Achten Sie bewusst auf vier Dinge: Welche Verhaltensweisen meistern Sie gut? Welche Menschen in Ihrem Umfeld meistern ähnliche Verhaltensweisen gut? Welche Menschen trauen Ihnen zu, dass Sie Ihre Absichten erfolgreich umsetzen werden? Und welche Körperreaktionen nehmen Sie bewusst wahr, während Sie eine Absicht in die Tat umsetzen wollen? Wenn Sie wollen, können Sie sich Notizen machen.

Nehmen Sie sich immer wieder die Zeit und führen Sie alle elf kleinen Selbstexperimente, die Sie in diesem Buch finden, durch. Damit steigern Sie automatisch Ihre Selbstwirksamkeit.

Selbstwirksamkeit beschreibt, in welchem Ausmaß ein Mensch davon überzeugt ist, durch eigene Kraft Ziele erreichen zu können. Menschen mit einer hohen Selbstwirksamkeit sind davon überzeugt, dass sie in der Lage sind, trotz Hindernissen oder Verlockungen ihre Ziele erfolgreich zu erreichen. Willensstarke Menschen sind Menschen, die eine hohe Selbstwirksamkeit haben. Selbstwirksamkeit ist trainierbar.

30

3.4 Emotionssteuerung

Sich etwas vorzunehmen und seine Absichten in die Tat umzusetzen klappt nicht immer und nicht immer sofort. Es ist normal, dass Sie dabei an die eigenen Grenzen stoßen, teilweise auch Rückschläge erleiden und zeitweise frustriert sein werden. Es ist hilfreich, wenn Sie das in einem ersten Schritt akzeptieren. Wer seine Gefühle in solchen Situationen bewusst beeinflussen und sich trotz Schwierigkeiten und Niederlagen in eine positive Stimmung bringen kann, erreicht mit höherer Wahrscheinlichkeit seine Ziele. Denn Menschen können ihre Kompetenzen nur dann optimal nutzen, wenn sie sich gut fühlen.

Wer sich unwohl fühlt, wer unter Druck steht oder unter chronischem Stress leidet, wer unsicher ist oder Angst hat, blockiert seine Willenskraft. In so einer Situation schüttet der Körper Unmengen Noradrenalin und

Cortisol aus. Diese Neurostoffe setzen direkt den Hippocampus und damit die zentrale Schaltstelle im limbischen System außer Gefecht. Und ohne leistungsfähigen Hippocampus können Sie nicht optimal auf Ihr gespeichertes Wissen zugreifen.

Es kann also nicht darum gehen, sich mit Verbissenheit und übersteigertem Ehrgeiz selbst unter Druck zu setzen und die eigene Willenskraft damit lahmzulegen. Ihre volle Willenskraft können Sie nur dann optimal nutzen, wenn Sie Ihre eigenen Ziele auf Ihrem eigenen Weg in Ihrer eigenen Geschwindigkeit verfolgen.

Eine wichtige Rolle für eine funktionierende Emotionssteuerung spielt Ihre körperliche Verfassung. Sie haben den schnellsten Zugang zu guten Gefühlen, wenn Ihre biologischen Bedürfnisse gestillt sind und wenn Sie sich körperlich fit fühlen. Bereits eine Erkältung oder eine überwältigende Müdigkeit, großer Hunger oder Durst schwächen Ihr Körpersystem und damit Ihre Willenskraft, etwas zu tun, das Ihnen sowieso nicht leichtfällt. Wer sich kraftlos und schlapp fühlt, traut sich wenig zu und hat oft nicht den nötigen Biss, um seine Absichten in die Tat umzusetzen.

Wer abends zu viel Alkohol trinkt oder generell zu wenig schläft, kämpft morgens beim Aufstehen mit der Müdigkeit. Wer zu viel isst, kämpft mit dem Völlegefühl und oftmals mit der Konzentration. Wer sich zu wenig bewegt, kämpft häufig mit Verspannungen und Rückenschmerzen. Kämpfen Sie nicht gegen Ihren Körper und Ihre Gefühle, sondern für Ihre Ziele.

Wer seine volle Willenskraft nutzen möchte, um Ziele zu erreichen, sollte auf eine gute körperliche Verfassung achten. Ihr Körper kann Ihnen ein wertvoller Feedbackgeber dafür sein, wie gut oder schlecht Sie sich fühlen. Achten Sie einmal darauf.

Um sich leichter selbst zu überwinden und länger durchzuhalten, können Sie Ihre Willenskraft bewusst entwickeln:

- *Trainieren Sie Ihre Fokussierungsfähigkeit, indem Sie Ablenkungen abschaffen oder ausblenden.*
- *Erhöhen Sie Ihr Durchhaltevermögen, indem Sie neue Verhaltensweisen regelmäßig wiederholen, dadurch einüben und automatisieren.*
- *Belohnen Sie sich selbst, wenn Sie sich überwunden haben, etwas zu tun, das Sie eigentlich wollen, das Ihnen aber schwerfällt.*
- *Stärken Sie Ihre Selbstwirksamkeit, indem Sie Ihre Aufmerksamkeit auf die Dinge richten, die Ihnen gut gelingen.*
- *Steuern Sie Ihre Gefühle, indem Sie akzeptieren, dass nicht alles sofort klappt, und achten Sie auf eine gute körperliche Verfassung.*

30 MINUTEN

4. Unbewusste Willenskraft entfalten

Was machen Menschen mit einem starken Willen anders als andere? Woran liegt es, dass beispielsweise viele Sportler, Künstler oder Wissenschaftler eine große Selbstüberwindungskraft und ein starkes Durchhaltevermögen haben? Auch auf diese Fragen hat die Neurobiologie in den letzten Jahren wichtige Antworten gefunden. Eigentlich ist das Prinzip für einen starken Willen ganz einfach: Kopf aus, Gefühl an. Allen Kopfmenschen sei an dieser Stelle versichert, dass die folgenden Ausführungen wissenschaftlich fundiert und in vielen Experimenten nachgewiesen sind. Lesen Sie beispielsweise bei dem Neurobiologen Gerhard Roth oder dem Begründer des hypnosystemischen Ansatzes in der Beratung, Gunther Schmidt, nach.

4.1 Bauchgefühl

Der Vorteil von Gefühlen ist, dass sie uns bereits Reaktionen ermöglichen, bevor wir bewusst denken können. Denn Gefühle sind immer schneller und stärker als Gedanken. Diesen Mechanismus können Sie nutzen, um Ihre Willenskraft zu entfalten. Die Kunst dabei ist, darauf zu achten, mit allen Sinnen wahrzunehmen und zu fühlen.

Auf alle Sinne achten

Wenn Ihr Wille ein Tier wäre, welches würden Sie dann wählen und warum? Einen Bären, einen Adler, einen Delfin oder ein anderes Tier? Und wie sähe Ihr Tier aus? Wäre es groß oder klein, kräftig gebaut oder schmächtig? Würde es laut brüllen oder leise rufen, in kräftigen Bewegungen nach vorne preschen oder langsam schleichen?

Und welche Bilder haben Sie vor Augen, wenn Sie an Ihr Ziel denken? Welche Farben und Formen kommen Ihnen in den Sinn? Wenn Ihr Ziel Töne von sich geben könnte, wie würde es sich anhören? Harmonisch oder schrill, laut oder leise? Und wenn Ihr Ziel einen Geruch hätte, wie würde es dann riechen? Nach Rosen oder Lavendel, eher herb oder vielleicht lieblich? Hat Ihr Ziel einen Geschmack, und wenn ja, wie würde es schmecken? Süß oder salzig, fruchtig oder scharf? Und wenn Sie sich Ihr Ziel in Bewegung vorstellen, wie würde es sich dann bewegen? Schnell oder langsam, in Sprüngen oder tanzend?

Lernen Sie, Ihr Ziel mit allen Sinnen zu beschreiben. Nehmen Sie sich dazu die Zeit – am besten mehrmals täglich –, um sich in die Zielerreichung einzufühlen.

Wenn Sie zum Beispiel zehn Kilogramm abnehmen wollen, könnte Ihre sinnliche Beschreibung dieses Ziels wie folgt aussehen: „Ich sehe mich in meiner blauen Lieblingsjeans vor mir, die wieder gut sitzt, und dazu habe ich mein rotes Top an. Ich höre eine beschwingte Melodie, fühle mich leicht und tänzele durch mein Wohnzimmer. Es riecht nach frischen Blumen, die Sonnenstrahlen scheinen durch mein Fenster und es schmeckt irgendwie fruchtig."

9. Selbstexperiment: Achten Sie auf Ihre Sinne
Denken Sie an Ihr Ziel aus dem ersten Kapitel und beschreiben Sie es jetzt mit allen Sinnen. Wie sieht Ihr Ziel aus, wie hört es sich an, wie riecht es und wie schmeckt es, und wenn es sich bewegen könnte, wie würde es sich bewegen? Schließen Sie die Augen und legen Sie los.

Wenn Sie Ihr Ziel intuitiv mit allen Sinnen erfassen, wird die rechte Hirnhemisphäre aktiviert und Ihr Ziel wird in Ihrem Unbewussten ganzheitlich abgespeichert. Anders als bei der rein verbalen Zielformulierung „Ich will zehn Kilogramm abnehmen", wirken ganzheitlich abgespeicherte Ziele auch dann, wenn Sie nicht bewusst daran denken. Dadurch wird es Ihnen sehr viel leichter fallen, unwillkürlich Willenskraft für Ihre Zielerreichung aufzubringen. Diesen Mechanismus nutzen auch Extremsportler, erfolgreiche Künstler oder Wissenschaftler. Sie stellen sich in allen Facetten vor, wie es sein wird, einen Forschungspreis zu gewinnen, einen Bestseller zu schreiben oder bei einem Wettkampf zu siegen.

Wer seine Ziele lediglich als verbale Selbstinstruktion linkshemisphärisch speichert („Ich muss schlank werden"), denkt zwar viel häufiger an das noch nicht erreichte Ziel, blockiert sich dadurch interessanterweise jedoch selbst und schwächt seine Willenskraft. Denn wenn man Ziele nur in abstrakter Sprache speichert, braucht man Erinnerungshilfen, um die Absicht, das Ziel zu erreichen, wachzuhalten. Dadurch kann man sich den Blick für das Ganze verbauen und sprichwörtlich den Wald vor lauter Bäumen nicht mehr sehen. Die Ausführung eines neuen Verhaltens kann so schnell zur lästigen Pflicht werden. Und mit Pflichterfüllung fühlen sich wenige Menschen wirklich wohl.

30 *Wer sein Ziel mit allen Sinnen beschreibt, entwickelt ein Gefühl für sein Ziel. Das aktiviert die rechte Hirnhemisphäre, wo das Ziel im Unbewussten ganzheitlich abgespeichert wird. Ziele, die mit Gefühlen verknüpft werden, wirken deshalb selbst dann, wenn wir nicht bewusst daran denken. Dieser intuitive Zugang zu einem Ziel ermöglicht einen unwillkürlichen, schnelleren und stärkeren Zugang zu unserer Willenskraft.*

4.2 Körperhaltung

Darauf zu achten, wie der eigene Körper reagiert, ist eine der effizientesten Methoden, um seine Willenskraft voll zu nutzen. Die Körperwahrnehmung hat schon vor der Geburt die Funktion, uns zurückzumelden, ob es uns gut geht oder nicht. Körperwahrnehmung ist damit eine wichtige Orientierungs- und Entscheidungshilfe in unserem Leben.

Körperhaltung wahrnehmen

Achten Sie einmal darauf, welche Körperhaltung Sie einnehmen und wie Sie atmen, wenn Sie auf der Couch liegen und daran denken, den Fernseher abzuschalten und das Englischbuch aufzuschlagen. Oftmals sind Menschen angespannt und atmen flach bei dem Gedanken an eine Handlung, die sie eigentlich durchführen wollen, die aber anstrengend ist und nur mäßig Spaß macht. Mit so einer Körperhaltung und Atmung ist es jedoch schwer, sich zu überwinden und an etwas ranzugehen, denn der Körper signalisiert eindeutig Ablehnung: „Ne, lass das mal lieber, das strengt nur an."
Es gibt aber auch Tätigkeiten, bei denen Sie eine entspannte Körperhaltung einnehmen und tief und ruhig atmen. Das sind oft Tätigkeiten, die Sie weniger anstrengen und die Ihnen mehr Spaß machen. Achten Sie einmal darauf, wann Sie so eine Körperhaltung und Atmung haben. Eine entspannte Körperhaltung und eine tiefe Atmung helfen Ihnen dabei, sich selbst zu

überwinden, denn der Körper signalisiert Zustimmung: „Ja, mach das mal, das macht Spaß."

Körperliche Ausdrücke wirken auf Ihr Erleben und auf Ihr Verhalten zurück. Diese Wechselwirkung ist mittlerweile durch viele wissenschaftliche Experimente belegt. Beispielsweise werfen Menschen in einer gebeugten Zwangshaltung bei der Lösung schwieriger Aufgaben schneller die Flinte ins Korn. Eine aufrechte Körperhaltung wirkt hingegen positiv auf das Selbstbewusstsein und die Leistungsfähigkeit.

Besonders gut können Sie dieses Phänomen wieder bei Profisportlern beobachten. Ob beim Fußball, der Tour de France, beim Boxen oder Bergsteigen, wenn Sportler einen Wettkampf gewonnen oder einen Berg bezwungen haben, reißen sie die Arme hoch und jubeln. Das Gehirn verknüpft diese Körperhaltung mit dem Sieg. Sportler nutzen das, indem sie bei guter Leistung im Training diese Körperhaltung immer wieder einnehmen und damit den Sieg körperlich abspeichern.

Sie können diesen Mechanismus ebenso nutzen und beispielsweise bewusst eine aufrechte, entspannte Körperhaltung einnehmen und tief durchatmen, bevor Sie sich überwinden müssen, etwas zu tun, das Sie eigentlich wollen, das Ihnen aber schwerfällt umzusetzen. Nehmen Sie immer dann, wenn Sie sich überwinden müssen, etwas zu tun, bewusst eine aufrechte, entspannte Körperhaltung ein, atmen Sie tief durch und lächeln Sie vielleicht sogar. Sie werden merken, dass es Ihnen dadurch leichter gelingt, an etwas ranzugehen.

Nehmen Sie sich immer wieder die Zeit – am besten mehrmals täglich –, um sich bewusst in eine gute Körperhaltung zu bringen, bevor Sie sich zu bestimmten Dingen überwinden müssen.

10. Selbstexperiment: Nehmen Sie Ihre Körperhaltung wahr
Wenn Sie sich das nächste Mal selbst überwinden müssen, etwas zu tun, das Sie zwar wirklich wollen, das Ihnen aber schwerfällt umzusetzen, dann testen Sie mal die Wirkung Ihrer Körperhaltung und Atmung auf Ihre Selbstüberwindungskraft. Atmen Sie bewusst tief durch und nehmen Sie bewusst eine aufrechte, entspannte Körperhaltung ein. Beobachten Sie mal, was passiert.

Körperliche Ausdrücke wirken auf das Erleben und Verhalten zurück. Eine aufrechte und entspannte Körperhaltung, eine tiefe Atmung und Lachen wirken sich positiv auf unsere Gefühle aus. Und wer sich gut fühlt, hat einen optimalen Zugang zu seiner (Umsetzungs-)Kompetenz. Nehmen Sie besonders dann, wenn Ihnen etwas schwerfällt, sooft wie möglich bewusst eine aufrechte, entspannte Körperhaltung ein und atmen Sie tief durch. Dadurch entfalten Sie mehr unbewusste Willenskraft, um sich selbst zu überwinden und länger durchzuhalten.

4.3 Metaphern

Unbewusstes, nicht sprachliches Wissen (Fühlen) und bewusstes, sprachliches Wissen (Denken) sind zwei Seiten einer Medaille. Sie sollten weder Ihr rationales Denken gänzlich ausschalten noch auf die Kraft Ihrer Intuition verzichten. Schlagen Sie vielmehr eine Brücke zwischen Ihrem bewussten und unbewussten Wissen und schöpfen Sie so Ihre volle Willenskraft aus.

Sprachbilder beachten

Eine besonders einfache und wirksame Methode, um diese Brücke zu schlagen, ist, bewusst auf Metaphern zu achten. Metaphern sind Sprachbilder. Sie drücken mit bildlichen Begriffen komplexe Zusammenhänge aus. Beispiele für solche Sprachbilder gibt es viele: „fit wie ein Turnschuh", „platt wie eine Flunder", „klein wie eine Maus", „schwer wie ein Stein", „alles unter einen Hut bekommen", „ein Buch mit sieben Siegeln" und Tausende mehr. Wenn Sie bewusst darauf achten, welche Metaphern Sie im Zusammenhang mit den Zielen, die Sie erreichen wollen, und den Verhaltensweisen, die Sie dafür ändern wollen, täglich aussprechen, schaffen Sie sich automatisch ganzheitliche Bilder und können Ihr Unbewusstes für sich arbeiten lassen.

Sie können Metaphern zusätzlich auch mit realen Symbolen verbinden. Dadurch vernetzen Sie Ihre bewusste und unbewusste Willenskraft noch stärker. Wenn Sie zum Beispiel lernen wollen, in Gesprächen „den roten

Faden nicht zu verlieren", können Sie sich einen roten Faden kaufen und entweder in der Hosentasche mit sich tragen oder sogar auf den Schreibtisch vor sich legen. Damit lenken Sie Ihre Aufmerksamkeit unwillkürlich auf Ihr Ziel und das aktiviert unbewusst Ihre Willenskraft. Der rote Faden ist eine Erinnerungshilfe, die Sie dabei unterstützt, Ihr Ziel zu fokussieren.

11. Selbstexperiment: Sprechen Sie in Bildern
Achten Sie einmal bewusst darauf, welche Metaphern Sie im Alltag im Zusammenhang mit Ihrem Ziel verwenden. Zum Beispiel: „Nachdem ich zu viel gegessen habe, fühle ich mich schwer wie ein Stein." Dann suchen Sie sich für diese Metapher ein Symbol, vielleicht einen Kieselstein oder einen größeren Wackerstein. Symbole können Erinnerungshilfen dafür sein, was Sie tun oder lassen wollen. Tragen Sie das Symbol die nächsten vier Wochen mit sich herum und beobachten Sie einmal, was passiert.

Achten Sie einmal darauf, welche Metaphern Sie im Zusammenhang mit Ihren Zielen verwenden. Zum Beispiel: „Nach dem Sport fühle ich mich leicht wie eine Feder." Metaphern haben die Kraft der Bilder und aktivieren die unbewusste Seite Ihres Willens. Dadurch können Sie eine viel stärkere Willenskraft entfalten.

4.4 Zwickmühlen

Zwickmühlen sind Situationen, für die es keine beste Lösung gibt. Sie haben zwar die Möglichkeit, willentlich zu entscheiden, etwas zu tun oder zu lassen, aber egal was Sie tun, Sie verändern damit etwas, das dazu führen wird, dass Sie Ihre Komfortzone verlassen müssen. Halten Sie das aus?

Wenn Sie zum Beispiel abnehmen wollen und gleichzeitig ein großes Bedürfnis nach Freundschaft, Zuneigung und Familie haben, kann Abnehmen schwierig werden, wenn Sie in einem Freundes- und Familienkreis leben, in dem Essen eine wichtige Rolle spielt. Das ist eine Zwickmühle. Ihr verborgenes Motiv nach Zuneigung und Ihr Ziel, schlank zu werden, kämpfen miteinander. Sobald Sie weniger und weniger häufig essen, laufen Sie Gefahr, dass Ihr soziales Umfeld Ihnen Zuneigung entzieht beziehungsweise sich dies für Sie so anfühlt. Es verlangt große Willenskraft, um aus der Komfortzone herauszutreten und Reaktionen aus dem Umfeld, wie beispielsweise „Es war ja so schön, als wir noch so richtig zusammen gegessen haben", auszuhalten.

Wie kommen Sie aus so einer Zwickmühle heraus? Eine mögliche Lösung einer Zwickmühle ist ein Sowohl-als-auch-Denken. Wer Zuneigung braucht, um sich gut zu fühlen, und abnehmen will, um sich fit zu fühlen, wird mit einem Entweder-oder-Denken an seine Grenzen stoßen: „Entweder ich nehme ab oder ich bekomme Zuneigung" – da steigt der Wille aus. Ein Sowohl-als-auch-Denken führt weiter. „Ich will sowohl abnehmen als auch Zuneigung" – hier hat der Wille eine Chance, eine Lösung zu finden.

Sobald bei Zwickmühlen andere Menschen mit im Spiel sind, sollten Sie Ihr Sowohl-als-auch-Denken offen mitteilen. Suchen Sie das Gespräch mit Ihren Freunden und der Familie und besprechen Sie offen, dass Sie sowohl abnehmen wollen als auch die Nähe und Zuneigung Ihres Umfelds brauchen. Dadurch werden Sie sofort eine entlastende Wirkung spüren. Allein damit steigt die Wahrscheinlichkeit, dass Sie in kleinen Schritten auf Ihr Ziel zugehen können und Ihre Willenskraft nicht überfordern.

Wenn es mal nicht klappt

Eingeschliffene Verhaltensweisen zu ändern ist schwer. Bei dem Versuch, über sechs bis neun Monate ein neues Verhalten zu automatisieren und ein Ziel zu erreichen, kommen Sie wahrscheinlich immer wieder an Ihre Grenzen und in Situationen, in denen etwas nicht klappt. Es ist nur verständlich, dass dabei irgendwann die Kraft, sich selbst zu überwinden und durchzuhalten, verloren gehen kann. Denn Rückschläge, Niederlagen und Frustration auszuhalten ist eine echte Herausforderung.

Wenn Sie akzeptieren, dass jeder Weg mit einem ersten kleinen Schritt beginnt und Ihnen niemand diesen ersten Schritt und den Weg abnehmen kann, werden Sie mehr Willenskraft für Ihre Ziele mobilisieren. Wer von vornherein einplant, dass eine Zielerreichung auch anstrengend und zeitweise frustrierend sein kann, hält länger durch. Bedenken Sie, dass Ihr Weg erst dadurch entsteht, dass Sie ihn gehen (frei nach Franz Kafka).

Achten Sie auf Ihrem Weg darauf, dass jedes Ziel einen Preis hat. Es ist sehr sinnvoll, ehrlich zu sein und sich bei jedem Ziel zu fragen, ob man bereit und fähig ist, den Preis dafür zu zahlen. Wille verändert Ihre Welt. Das müssen Sie aushalten können. Alternativ können Sie sich auch dazu entscheiden, nichts zu wollen.

Um sich leichter selbst zu überwinden und länger durchzuhalten, können Sie Ihre unbewusste Willenskraft entfalten. Aktivieren Sie dazu die rechte Hirnhemisphäre:

- *Beschreiben Sie Ihre Ziele mit allen Sinnen und entwickeln Sie so ein Gefühl für Ihr Ziel.*
- *Achten Sie besonders dann, wenn Ihnen etwas schwerfällt, auf eine aufrechte, entspannte Körperhaltung und auf eine tiefe Atmung.*
- *Beachten Sie, welche Metaphern Sie für Ihre Ziele verwenden. Metaphern sind Sprachbilder und entfalten die Kraft des Unbewussten.*
- *Akzeptieren Sie, dass es nicht immer einfach ist, etwas zu ändern, und dass es Zwickmühlen gibt, aus denen Sie nur schwer herauskommen.*
- *Probieren Sie, mit einem Sowohl-als-auch-Denken in kleinen Schritten in die gewünschte Richtung zu gehen. Das ist oft besser, als gar keinen Schritt zu machen.*

Training: Die Willens-Elf

Willenskraft bedeutet, sich selbst zu überwinden, um eine Absicht in die Tat umzusetzen, und durchzuhalten, um ein Ziel zu erreichen. Der Schlüssel zu einer starken Willenskraft ist die Fokussierung, das heißt die Fähigkeit, seine Aufmerksamkeit auf einen Punkt zu konzentrieren. Um länger durchhalten zu können, spielt außerdem die Automatisierung neuer Verhaltensweisen und damit die Fähigkeit, neue Gewohnheiten aufzubauen, eine Rolle.

Diese beiden Fähigkeiten können Sie ohne große Anstrengung im Alltag trainieren. Übrigens: Durch die elf kleinen Selbstexperimente in diesem Buch haben Sie bereits mit dem Training begonnen. Schauen Sie sich hier *die Willens-Elf* noch einmal im Überblick an.

1. Denken Sie wiederholt an Ihr Ziel. Damit richten Sie Ihre Gedanken aus.
2. Kombinieren Sie Ihr zielgerichtetes Denken mit der Vorstellung, Sie hätten das Ziel bereits erreicht.
3. Verbinden Sie diese Vorstellung gleich mit Bildern und Gefühlen. Malen Sie sich vor Ihrem inneren Auge ganz genau aus, wie es sein wird, sprichwörtlich *auf dem Gipfel* zu stehen.
4. Achten Sie auf Metaphern, auf Sprachbilder, die Sie im Zusammenhang mit Ihrem Ziel verwenden.
5. Stellen Sie sich vor, mit welcher Körperhaltung Sie *auf dem Gipfel stehen*, wie Sie z. B. die Arme hochreißen

und jubeln. So aktivieren Sie Ihre innere, unbewusste Willenskraft. Allein der bildliche Gedanke daran, wie es sein wird, wenn Sie Ihr Ziel erreicht haben, erzeugt positive Gefühle und erhöht die Wahrscheinlichkeit dafür, dass Sie sich zieldienlich verhalten.

6. Beobachten Sie in den nächsten Wochen einmal, wie Sie sich bezogen auf Ihr Ziel verhalten. Nehmen Sie sich abends vor dem Einschlafen fünf Minuten Zeit und lassen Sie Revue passieren, was Sie über den Tag alles Zieldienliches gemacht haben.

7. Bahnen Sie mit einem Was-Wann-Wie-Plan mental den Weg, den Sie dann real gehen. Indem Sie Ihr Verhalten vorausdenken und es sich in der Selbstbeobachtung hinterher anschauen, konzentrieren Sie Ihre Aufmerksamkeit auf ein Ziel. Dadurch fällt es Ihnen leichter, in Aktion zu kommen, denn die Energie folgt immer Ihrer Aufmerksamkeit.

8. Schaffen Sie Ablenkungen ab oder blenden Sie sie aus. Immer wenn Sie sich dazu überwinden müssen, etwas zu tun, das Sie eigentlich wollen, das Ihnen aber schwerfällt umzusetzen, sind Sie besonders ablenkbar. Ablenkung wirkt dann wie eine Belohnung, und deshalb ist es schwer, seine Aufmerksamkeit zu konzentrieren. Schaffen Sie sich ein ablenkungsarmes Umfeld für die Umsetzung Ihrer Absichten.

9. Automatisieren Sie neue Verhaltensweisen. Automatisierung heißt, ein Verhalten so lange wiederholen und einüben, bis es zu einer Gewohnheit wird. Jedes

neue Verhalten, das Sie über einen Zeitraum von sechs bis neun Monaten regelmäßig wiederholen, wird zu einer Gewohnheit, die Sie nicht mehr anstrengt. Denn je nachdem, was Sie immer wieder denken, was Sie immer wieder empfinden und was Sie immer wieder tun, verschalten sich Ihre Nervenzellen zu neuen neuronalen Netzwerken.

10. Halten Sie sich während der sechs bis neun Monate auf dem Weg mit kleinen Selbstbelohnungen bei Laune. Überlegen Sie, mit was Sie sich eine Freude machen können, und belohnen Sie sich immer dann, wenn es Ihnen gelingt, sich zieldienlich zu verhalten. Ohne ein Minimum an positivem Gefühl bleibt eine Absicht allzu oft im Kopf stecken.

11. Da Menschen bei vielem, was neu ist, unsicher sind, ob sie das überhaupt schaffen, sollten Sie Ihren Glauben an sich selbst aktiv stärken. Erhöhen Sie Ihre Selbstwirksamkeit und damit die Überzeugung, dass Sie Ihr Ziel aus eigener Kraft erreichen können. Sie stärken den Glauben an sich selbst, indem Sie Ihre Aufmerksamkeit bewusst auf die Dinge richten, die Ihnen gut gelingen, und auf die Menschen in Ihrem Umfeld schauen, die Ihnen etwas zutrauen.

Bringen Sie Ihre *Willens-Elf* in Stellung und lassen Sie sie mal ein Testspiel machen.

Fast Reader

1.   Die Biologie des Willens

Der Wille ist die treibende Kraft, um eine Absicht in die Tat umzusetzen und ein Ziel zu erreichen. Er hat es oft schwer, sich gegen den Impuls zur Anstrengungsvermeidung durchzusetzen, weil unsere Natur uns vorgibt, sparsam mit Energie umzugehen. Evolutionsbiologisch gesehen ist es gut, Dinge zu tun, die uns nicht anstrengen, und Dinge zu lassen, die uns anstrengen. Und da es sich richtig anfühlt, sich nicht anzustrengen, brauchen wir Willenskraft, um uns selbst zu überwinden.

Unser neurobiologisches Programm Lust maximieren und Unlust vermeiden ist dafür verantwortlich, dass es uns so schwerfällt, Dinge zu tun, die uns keinen Spaß machen, und Dinge zu lassen, die uns Spaß machen. Neurobiologisch gesehen ist es sinnvoll, das zu tun, was Spaß macht, weil wir uns damit selbst belohnen und uns da-

durch gut fühlen. Und Menschen wollen sich gut fühlen.

Menschen haben viel mehr Ziele als Willenskraft, alle Ziele in die Tat umzusetzen. Da unsere Willenskraft begrenzt ist, müssen wir uns entscheiden, für welche Ziele wir sie einsetzen. Ansonsten überwinden wir unser biologisches Programm Anstrengung vermeiden *nicht und kommen nicht ins Handeln.*

Das biologische Programm Anstrengung vermeiden **und Lust maximieren** ist stark. **Deshalb brauchen wir Willenskraft, um uns selbst zu überwinden, etwas zu tun, das anstrengt und keinen Spaß macht, oder etwas zu lassen, das Spaß macht und nicht anstrengt. Dazu ist die folgende Strategie hilfreich:**

30

- **Entscheiden Sie sich für ein Ziel, auf das Sie willentlichen Einfluss haben. Konzentrieren Sie sich zu einem Zeitpunkt auf ein Ziel.**
- **Beobachten Sie Ihr Verhalten bezogen auf Ihr Ziel. Was machen Sie bereits, das Sie näher an Ihr Ziel bringt? Und was können Sie noch mehr machen?**
- **Steuern Sie Ihre Aufmerksamkeit. Denken Sie Ihr Verhalten voraus, indem Sie planen, was Sie wann und wie genau machen wollen.**

2. Die Psychologie des Willens

Durch unsere verborgenen Motive entsteht von innen heraus eine unbewusste Motivation, ein Handlungsantrieb, ein bestimmtes Ziel zu verfolgen und sich entsprechend zu verhalten. Da wir auf unsere unbewussten Motive nur wenig Einfluss haben, sollten wir uns Ziele setzen, die zu unseren Bedürfnissen passen. Nur so können wir auf unsere volle Willenskraft zugreifen.

Durch äußere Einflüsse entwickeln wir Vorstellungen über das, was wir erreichen wollen, und damit eine bewusste Motivation, eine Handlungsbereitschaft, ein bestimmtes Ziel zu verfolgen und uns entsprechend zu verhalten. Da Ziele in der Zukunft liegen und die Zielerreichung meist Anstrengung erfordert, haben wir die Fähigkeit entwickelt, jetzt auf Lustgewinn zu verzichten, um später ein Ziel zu erreichen. Diese Fähigkeit nennt man Belohnungsaufschub. Sie ist deshalb so wichtig, weil wir in einer Welt der Verführung leben, in der unser Wille täglich neu herausgefordert wird.

Willenssteuerung ist die Fähigkeit, sich für ein passendes Ziel zu entscheiden und alternative Ziele zu verdrängen, sich selbst zu überwinden und so lange durchzuhalten, bis das Ziel erreicht ist. Dazu braucht es Willensenergie.

Verborgene Motive und bewusste Vorstellungen über das, was wir erreichen wollen, treiben uns an, Ziele zu verfolgen. Je besser unsere Ziele zu unseren Motiven passen, desto weniger Willensenergie benötigen wir für die Zielerreichung. Willensenergie setzt sich zusammen aus Selbstüberwindungskraft, Planungsfähigkeit, Fokussierungsfähigkeit, Durchhaltevermögen, Selbstwirksamkeit und Emotionssteuerung. Um sich leichter selbst zu überwinden und länger durchzuhalten, ist die folgende Strategie hilfreich:

- *Prüfen Sie die Ziele, die Sie sich setzen, darauf, ob sie zu Ihren Motiven passen.*
- *Steuern Sie Ihre Willenskraft, indem Sie die Teilfähigkeiten Ihrer Willensenergie, die Ihnen noch schwerfallen, bewusst entwickeln.*

3. Willenskraft bewusst entwickeln

Fokussieren heißt, die Willenskraft auf eine Absicht ausrichten, so wie der Fokus einer Linse das Licht auf einen Brennpunkt bündelt. Das gelingt Ihnen leichter durch Weglassen, durch Ausblenden oder Abschaffen von Ablenkungen. Richten Sie sich Ihr Umfeld speziell dann bewusst ablenkungsarm ein, wenn Ihnen etwas besonders schwerfällt, in die Tat umzusetzen. Je besser Sie sich fokussieren, desto einfacher wird es für Sie, sich selbst zu überwinden – immer wieder.

Je schwieriger Ihnen ein neues Verhalten fällt, desto mehr Durchhaltevermögen brauchen Sie. Erleichtern Sie sich das Durchhalten, indem Sie neue Verhaltensweisen automatisieren, das heißt die neuen Verhaltensweisen so lange einüben, bis sie zur Gewohnheit geworden sind. Nach neueren Erkenntnissen der Hirnforschung dauert das zwischen sechs und neun Monaten. Die Anstrengung zahlt sich aus. Nach dieser Zeitspanne wirkt das automatisierte Verhalten in sich belohnend und es braucht dafür weit weniger willentliche Anstrengung. Die Durststrecke von sechs bis neun Monaten durchzustehen (Belohnungsaufschub), ist das Geheimnis willensstarker Menschen. Durch Selbstbelohnung auf dem Weg gelingt das leichter.

Selbstwirksamkeit beschreibt, in welchem Ausmaß ein Mensch davon überzeugt ist, durch eigene Kraft Ziele erreichen zu können. Menschen mit einer hohen Selbstwirksamkeit sind davon überzeugt, dass sie in der Lage sind, trotz Hindernissen oder Verlockungen ihre Ziele erfolgreich zu erreichen. Willensstarke Menschen sind Menschen, die eine hohe Selbstwirksamkeit haben. Selbstwirksamkeit ist trainierbar.

Um sich leichter selbst zu überwinden und länger durchzuhalten, können Sie Ihre Willenskraft bewusst entwickeln:

- *Trainieren Sie Ihre Fokussierungsfähigkeit, indem Sie Ablenkungen abschaffen oder ausblenden.*
- *Erhöhen Sie Ihr Durchhaltevermögen, indem Sie neue Verhaltensweisen regelmäßig wiederholen, dadurch einüben und automatisieren.*
- *Belohnen Sie sich selbst, wenn Sie sich überwunden haben, etwas zu tun, das Sie eigentlich wollen, das Ihnen aber schwerfällt.*
- *Stärken Sie Ihre Selbstwirksamkeit, indem Sie Ihre Aufmerksamkeit auf die Dinge richten, die Ihnen gut gelingen.*
- *Steuern Sie Ihre Gefühle, indem Sie akzeptieren, dass nicht alles sofort klappt, und achten Sie auf eine gute körperliche Verfassung.*

4. Unbewusste Willenskraft entfalten

Wer sein Ziel mit allen Sinnen beschreibt, entwickelt ein Gefühl für sein Ziel. Das aktiviert die rechte Hirnhemisphäre, wo das Ziel im Unbewussten ganzheitlich abgespeichert wird. Ziele, die mit Gefühlen verknüpft werden, wirken deshalb selbst dann, wenn wir nicht bewusst daran den-

ken. *Dieser intuitive Zugang zu einem Ziel ermöglicht einen unwillkürlichen, schnelleren und stärkeren Zugang zu unserer Willenskraft.*

Körperliche Ausdrücke wirken auf das Erleben und Verhalten zurück. Eine aufrechte und entspannte Körperhaltung, eine tiefe Atmung und Lachen wirken sich positiv auf unsere Gefühle aus. Und wer sich gut fühlt, hat einen optimalen Zugang zu seiner (Umsetzungs-)Kompetenz. Nehmen Sie besonders dann, wenn Ihnen etwas schwerfällt, sooft wie möglich bewusst eine aufrechte, entspannte Körperhaltung ein und atmen Sie tief durch. Dadurch entfalten Sie mehr unbewusste Willenskraft, um sich selbst zu überwinden und länger durchzuhalten.

Achten Sie einmal darauf, welche Metaphern Sie im Zusammenhang mit Ihren Zielen verwenden. Zum Beispiel: „Nach dem Sport fühle ich mich leicht wie eine Feder." Metaphern haben die Kraft der Bilder und aktivieren die unbewusste Seite Ihres Willens. Dadurch können Sie eine viel stärkere Willenskraft entfalten.

 Um sich leichter selbst zu überwinden und länger durchzuhalten, können Sie Ihre unbewusste Willenskraft entfalten. Aktivieren Sie dazu die rechte Hirnhemisphäre:

- *Beschreiben Sie Ihre Ziele mit allen Sinnen und entwickeln Sie so ein Gefühl für Ihr Ziel.*
- *Achten Sie besonders dann, wenn Ihnen etwas schwerfällt, auf eine aufrechte, entspannte Körperhaltung und auf eine tiefe Atmung.*
- *Beachten Sie, welche Metaphern Sie für Ihre Ziele verwenden. Metaphern sind Sprachbilder und entfalten die Kraft des Unbewussten.*
- *Akzeptieren Sie, dass es nicht immer einfach ist, etwas zu ändern, und dass es Zwickmühlen gibt, aus denen Sie nur schwer herauskommen.*
- *Probieren Sie, mit einem Sowohl-als-auch-Denken in kleinen Schritten in die gewünschte Richtung zu gehen. Das ist oft besser, als gar keinen Schritt zu machen.*

Weiterführende Literatur

- Damásio, A. R.: Descartes Irrtum. Fühlen, Denken und das menschliche Gehirn. List Taschenbuch Verlag, München, 1994.

- Göhner, W./Fuchs, R.: Änderung des Gesundheitsverhaltens. Hogrefe Verlag, Göttingen, 2006.

- Hebb, D. O.: The organization of behavior. A neuropsychological theory. Erlbaum Books, Mahwah, N. J., 2002 (Nachdruck der Ausgabe New York 1949).

- Heckhausen, J./Heckhausen, H.: Motivation und Handeln. 4., überarb. und aktualisierte Auflage, Springer Verlag, Berlin/Heidelberg, 2010.

- Hüther, G.: Biologie der Angst. Wie aus Stress Gefühle werden. 10. Auflage, Vandenhoeck & Ruprecht Verlag, Göttingen, 2011.

- Martens, J. U./Kuhl, J.: Die Kunst der Selbstmotivierung. Neue Erkenntnisse der Motivationsforschung praktisch nutzen. Aktualisierte und erweiterte 2. Auflage, Kohlhammer Verlag, Stuttgart, 2005.

- Roth, G.: Persönlichkeit, Entscheidung und Verhalten. Warum es so schwierig ist, sich und andere zu ändern. 4. Auflage, Klett-Cotta, Stuttgart, 2008.

- Schmidt, G.: Einführung in die hypnosystemische Therapie und Beratung. Carl-Auer Verlag, Heidelberg, 2005.

Der Autor

Diplom-Psychologe Hans-Georg Willmann arbeitet seit 1998 als Coach. Er berät Menschen in beruflichen Veränderungsprozessen und Krisen und unterstützt sie dabei, Ziele zu erreichen. Willmann war als Personalreferent tätig, bevor er 2003 seine eigene Personalberatung gründete.

Bereits veröffentlicht wurden: *Das Berufseinsteigerbuch* (2011), *Wirkungsvoll bewerben* (2010), *In 90 Tagen aus der Arbeitslosigkeit* (2010) und *Das Jobwechsler Buch* (2009).

Kontakt:
Hans-Georg Willmann
www.hans-georg-willmann.de

Register